R. P. LAVERGNE O. P.

L'EXPRESSION
BIBLIQUE

PARIS

LIBRAIRIE PHILOSOPHIQUE J. VRIN

6, Place de la Sorbonne (Ve)

—

1947

BIBLIOTHÈQUE DES TEXTES PHILOSOPHIQUES
Directeur : Henri GOUHIER

Professeur à la Faculté des Lettres de Paris

L'EXPRESSION BIBLIQUE

Nihil Obstat

Fr. Sylvester PERRET O. P.
Mag. in S. Theol.

Fr. Humbertus BOUËSSÉ O. P.
Mag. in S. Theol.

Imprimi potest

Lutetiæ Parisiorum
die 29 Sept. 1945

Fr. A. MOTTE O. P.
Prior Provinc.

IMPRIMATUR

Lutetiæ Parisiorum
die 5 Oct. 1945

A. LECLERC
V. G.

R. P. LAVERGNE O. P.

L'EXPRESSION
BIBLIQUE

PARIS

LIBRAIRIE PHILOSOPHIQUE J. VRIN

6, Place de la Sorbonne (Vᵉ)

—

1946

L'EXPRESSION BIBLIQUE

AVANT-PROPOS

1. — Qu'est-ce qu'une expression ? — *Un exemple vous le rappellera mieux qu'une définition. Dès que vous suggérez à votre ami un bel acte de dévouement, il « prend feu », dites-vous. Un étranger qui entendrait cette formule pour la première fois aurait peine à deviner qu'elle signifie* « un enthousiasme subit ».

2. — Qu'est-ce qu'une expression biblique ? — *Tout simplement une expression employée par la Bible. Notre étude ne se limitera donc pas aux formules créées par les auteurs inspirés.*

3. — Avantage et insuffisance de la traduction littérale. — *Cette traduction supplée à la lecture directe du texte original, mais, prise à la lettre, elle déforme la pensée. D'où la nécessité de discerner l'existence et de bien saisir la portée des expressions.*

4. — Mon but. — *Faciliter au lecteur de la Bible l'intelligence des expressions qu'elle utilise. Saint Augustin recommande* « à ceux qui étudient l'Écriture de remarquer attentivement et de confier à leur mémoire les divers genres d'expressions qu'elle emploie et la manière dont une chose y est ordinairement exprimée » *; surtout il les exhorte* « à recourir à la prière pour en obtenir l'intelligence » (De doctrina christiana, 1. III, c. 35).

5. — Ma méthode. — *Présenter chaque type d'expression avec un mot d'explication et un début d'application aux formules analogues. Ce petit manuel remplacera un travail d'ensemble qui me prit cinq années et périt dans un incendie lors du dernier bombardement du Havre.*

6. — Mon plan. — *En vue de guider la recherche, nous classe-rons les types d'expressions d'abord suivant une complexité croissante de leur aspect extérieur, puis suivant le rapport de la formule avec l'idée exprimée.*

Voici donc la répartition de ce manuel :

1° *L'expression limitée à un seul mot* (§ 7-110) ;
2° *L'expression contenue en deux ou trois mots juxtaposés* (§ 111-199) ;
3° *En mots superposés* (§ 200-212) ;
4° *En mots éparpillés* (§ 213-245) ;
5° *L'expression exagérative* (§ 246-328) ;
6° *L'expression atténuative* (§ 329-399) ;
7° *L'expression toute faite mais tronquée* (§ 400-432).

Note bibliographique. — *Grammaires de* Touzard, Joüon, Mayer Lambert, Dom Botte, *etc.* Epitome grammaticae graeco latinae *du P.* Errandonea, S. J. *Articles de la* Revue Biblique *et de* Biblica, *Commentaires du* P. Lagrange, *etc....*

CHAPITRE PREMIER

L'EXPRESSION LIMITÉE A UN SEUL MOT

7. — Limitée à un seul mot, oui, mais dans une phrase, et c'est le contexte qui vous indiquera si le mot « roseau », par exemple, signifie une flûte, un chalumeau ou une flèche (je prends à dessein cet exemple dans la littérature latine, pour rappeler que chaque littérature a sa manière d'utiliser sa langue).

Dans ce chapitre, nous signalerons

A. La métaphore biblique ;
B. Le rapport logique constant (11) ;
C. L'expression qui spécialise une signification ordinairement plus vaste (18) ;
D. Celle qui généralise la portée d'un terme (63) ;
E. Le pluriel qualificateur (82) ;
F. Le singulier collectif (97) ;
G. Le féminin dépréciatif (105) ;
H. Le passif théologal (106).

A. La métaphore biblique.

8. — *Gen.*, XLII, 28 : et « sortit » leur cœur = *ils furent stupéfaits.* — Le cœur, considéré alors comme l'organe de l'intelligence, reste en l'homme tant qu'il comprend, il sort quand l'étonnement va jusqu'à la stupeur. Les frères de Joseph croient rêver.

9. — *Sap.*, IV, 18 : « Le Seigneur se rira d' » eux. = Dieu leur *fera sentir la parfaite impuissance où ils étaient de triompher de lui.* A comparer avec *Ps. 2*, v. 4 et *Prov.*, I, 26 s. Anthropomorphisme d'enfant terrible. Cf. « avec le pervers tu te montres pervers » (§ 252).

10. — Type : unité de « lui » = *nous ensemble*. — Le mot « lui » signifie : *cela,ce groupe qui est là*. Isaïe dira : « dualité d'eux : unité de lui » = *tous deux ensemble* (I, 31).

B. La métonymie biblique.

11. — *Ps. 52*, v, 6 : ils furent saisis de terreur, là où il n'y avait pas de « terreur » = là où il n'y avait pas de *danger*. — L'effet pour la cause. L'hébreu n'a pas de mot pour rendre l'idée de danger. Ailleurs (*II Sam.*, IV, 9) on trouve « angoisse » au sens de *danger* (cf. P. Joüon, *Biblica*, 1921, 336).

12. — « Un Sceptre » s'élève d'Israël = *un roi incomparable* naît de la race d'Israël (*Num.*, XXIV, 17). — Métonymie respectueuse. Noter la m se en parallèle avec la métaphore de l'astre pour indiquer que ce roi d'Israël brillera d'un éclat perceptible à toutes les nations. La prophétie vise le Messie lui-même (Cf. v. 19). Voir § 237.

REMARQUE. — Souvent « Cieux » remplace « Dieu ».

13. — « Ceci » à moi vingt ans en ta maison = il y a *maintenant* vingt ans que j'habite chez toi (*Gen.*, XXXI, 41 ; cf. v. 38). — Confusion des éléments de l'*hic et nunc*.

La semaine en cours se dira « la semaine de celle-ci » (*Gen.*, XXIX, 27), la semaine d'ici, de maintenant. Notre « aujourd'hui » (jour « où » nous sommes) et notre formule « en ce jour-là » se diraient en hébreu : « en le jour le celui-ci ». (Ne pas confondre avec « en le jour le lui » qui signifie : *le même jour*. Sur le sens de « quoi celle-ci » voir § 105.)

REM. — Cinq « mains » = cinq fois (*Gen.*, XLIII, 34). — On voit la main distribuant les parts. Dans toutes les langues, l'idée de fois s'exprime par l'image de déplacements, de voyages réitérés ; la Bible dira aussi « cinq pas » et même « cinq pieds » = (cinq mouvements des pieds) ; et l'exclamation : « qu'ils sont beaux les pieds du messager ! » signifie : quelle belle *démarche*, ou : quel heureux *voyage* ! Que l'on est heureux de regarder ce messager *accourir* ! (*Is.*, LII, 7 ; cf. *Cant.*, VII, 1).

14. — Type : « vœu » = *offrande votive*. — On nomme l'antécédent (le vœu) pour signifier le conséquent (l'accomplissement du vœu).

15. — Type : « générosité » = *offrande* à laquelle on n'était obligé ni par la loi, ni par un vœu, et qui est plus abondante que le « don » ordinaire. — Par analogie, « mes générosités de bouche » sont : *mes paroles de vive louange, mes hommages religieux* (*Ps. 118*, v. 108).

16. — Un « bélial » (litt. une absence de valeur) est *un être sans valeur, un démon* ou *un homme très méchant*. Pour « le Bélial » voir § 24 ; pour « un fils de Bélial », § 142 ; « un témoin de Bélial », § 142. Voir aussi le § 147.

Un « néant de force » ou un « non-force » est : *un homme sans force ;* un « non-sagesse » : *un homme sans sagesse ;* un « non-homme » : *un malheureux qui n'a plus l'aspect d'un homme* (Cf. *Biblica*, 1924, 178).

17. — Type « fracture » = *ils seront brisés* (*Is.*, I, 28). — Le nom remplace le verbe au passif et exprime l'action divine (Voir le Passif théologal, § 106).

C. L'expression qui spécialise le sens d'un mot.

18. — La « foi » = *la conviction ferme et joyeuse de la vérité des doctrines théocratiques et des promesses qu'elles contiennent* (*Sap.*, III, 14). — Cette conviction entraîne une *confiance en Dieu* qui ira jusqu'au total abandon et une *fidélité* qui ne reculera pas devant le martyre. Cet exemple donne une idée de la richesse de certains concepts bibliques. Ainsi « bois » = *croix, arbre ;* « coupe » = *sort ;* « langue » = *nation ;* « forces » = *prodiges ;* « voie » = *doctrine.*

REM. — Le « goël du sang » = *le plus proche parent de celui dont le sang a été versé* (*Num.*, XXXV, 24, etc.). — Le goël était celui qui « rachetait » ou libérait par droit et par devoir. Étant normalement le plus proche parent, le mot « goël » (*racheteur*) suffit pour le désigner (*Biblica*, 1925, 317).

19. — « Les pauvres » d'Adam = *les plus pauvres* hommes (*Is.*, XXIX, 19). — Manière d'exprimer le superlatif et par là de limiter le sens du terme employé. Cf. « le petit de ses fils » = *le plus jeune* (§ 357).

20. — Type : « nombreux » = *tous malgré leur grand nombre*. — C'est bien la pensée d'Isaïe, lorsqu'il met en parallèle « tous les Goïm » et « les Peuples nombreux » (II, 2s.). Le cas est très fréquent. Jésus présente son sang comme « répandu pour plusieurs », c'est-à-dire pour tous malgré leur multitude : un seul verse son sang et l'Alliance est scellée entre Dieu et tous les hommes. Les mots « nombreux » ou « plusieurs » sont ici spécialisés au cas où les choses ou les personnes nombreuses sont toutes là.

21. — Ceignez « homme » son glaive = ceignez *chacun* votre glaive (*I Sam.*, XXV, 13). — Ici le mot « homme » ne peut désigner que l'un de votre groupe.

22. — Son fils « premier-né » = *celui avant lequel il n'y en eut point d'autre*. — Nous distinguons nettement un fils « unique » d'un fils « aîné » et par là nous ne savons quel nom commun leur donner ; pour nous, l'un est « le premier et le dernier », l'autre seul s'appellerait le « premier-né ». Or, une épitaphe grecque datée du 28 janvier de l'an 5 avant notre ère porte ces mots : « Dans les douleurs de l'enfantement de mon enfant premier-né, le sort me conduisit au terme de la vie » (Inscription trouvée en Égypte ; voir *Biblica*, 1930, 387). Il n'est pas douteux que pour saint Luc Jésus fut le premier et dernier fils de Marie. Le prophète Zacharie unit les deux termes « l'unique » et « le bekor », mot rendu en grec par « prototokos » (XII, 10). Sur le sens de « premier-né de toute créature » voir § 363.

23. — « Les sagesses » = *la Sagesse divine en personne* (*Prov.*, I, 20). — C'est le pluriel qui donne ce sens transcendental (§ 85) et le résultat est que l'expression ne s'applique qu'à un seul être (Dieu ou peut-être telle Personne divine). Dans l'*Apocalypse*, les « sept esprits » sont l'*Esprit Saint* en personne et exclusivement. Dans *Michée*, V, 2, les « sorties » du Messie désignent sa *naissance* qui transcende la durée créée (voir §§ 42 et 85).

24. — « Le satan » est *l'Adversaire par excellence,* le Démon ; « le bélial » est *le Méchant,* le Démon ; le « Méchant » dans l'Évangile a souvent ce sens. — Ce sont des appellatifs réservés comme « le fleuve » désignant *l'Euphrate* seulement ; « le repos » : *la béatitude éternelle dans l'au-delà* (*Sap.*, IV, 7) ; « le Seigneur » qui dans saint Paul désigne toujours *Jésus en tant que Dieu* (sauf dans une citation de l'Ancien Testament). Souvent le pronom démonstratif « celui-là » prend une nuance emphatique telle qu'il ne peut désigner que le Christ (cf. § 406).

25. — « Aux jours » = *par an* (*Jud.*, XVII, 10). — Aux 365 jours révolus. Le mot « jours » (au pluriel) signifie ordinairement *le temps,* et parfois cette unité de durée qui est *l'année.* Ainsi « la totalité des jours » veut dire : *tout le temps* et non : *tous les jours.* « A la fin des jours » ne signifie pas : *aux soirs,* mais : *à la fin du temps,* dans la dernière phase de la vie du genre humain.

26. — Du matin « au soir » tu me feras mourir = *d'ici ce soir* (*Is.*, XXXVIII, 12-13). Au cours de ces douze heures; je voudrais bien vivre au moins jusqu'à demain matin; hélas, rien à espérer.

27. — « Alors » = *à ce moment unique qui doit clore l'histoire* (*Sap.*, V, 1). Cet « alors » eschatologique recouvre le « jour de Iahvé » (§ 156) que nous appelons le Jour du Jugement dernier et que le Nouveau Testament identifie au jour de « la Parousie du Seigneur (Jésus) » (§ 156, REM. II).

Voyons maintenant la spécialisation du sens d'un verbe.

28. — « Verser » un remblai = *verser des matériaux pour former* un remblai. — L'objet n'est pas affecté mais effectué par l'action.

29. — Tout ce que « rampe » l'adamah = tout ce que le sol *produit en fait de rampant* ; tous les reptiles produits par la terre (*Gen.*, IX, 2). — Le verbe « ramper » a fourni le sub-

stantif « ramperie (=*reptiles*) » qui, par réaction, a donné au
verbe « ramper » le sens spécial de *produire du rampant*. Le
P. Joüon signale à ce propos l'enchaînement « confirmer » —
« Confirmation » — « confirmer (un baptisé) ».

30. — Iahvé « regarda » Abel = *lui témoigna une faveur
spéciale* (*Gen.*, IV, 4). — Ce regard est chargé d'affectivité
et d'efficacité (cf. *Heb.*, XI, 4). On dit pareillement que Dieu
« connut » la voie des justes (*Ps. 1*, v. 6). Cf. *Mc.*, X, 21.

31. — Type : « prendre » = *emmener, conduire*. — Éliezer
« prend » Rébecca et la conduit en Canaan (*Gen.*, XXIV,
61) ; Joseph « prend » l'enfant Jésus et sa mère, et les emmène
en Égypte ; Iahvé « prend » Adam et le « pose » dans le jardin
(*Gen.*, II, 15) ; Satan « prend » Jésus et le « place » sur le
pinacle du Temple (*Mt.*, IV, 5) ; l'Esprit du Seigneur « ravit »
Philippe, qui « fut trouvé » dans Azot (*Act.*, VIII, 39 s.).

32. — Et les ténèbres n'ont pas compris (cette lumière)
= ne sont pas *parvenues à l'éteindre* (*Io.*, I, 5). — Chaque
soir les ténèbres naturelles « prennent jusqu'au fond » la
lumière du jour ; le jour spirituel dû à la présence du Verbe
(ou : du Verbe fait chair) n'est suivi d'aucune nuit. Cette
exégèse est la plus probable.

33. — Un juste mort (prématurément) « jugera » les impies
en vie et une jeunesse achevée rapidement (jugera) la longue
vieillesse d'un injuste (*Sap.*, IV, 16). — Réagissant contre le
préjugé qui voit toujours un châtiment dans une mort pré-
maturée, l'auteur imagine le jeune défunt *se levant pour
prononcer une sentence de condamnation* sur les vieillards
pécheurs. Nous dirions qu'un jeune soldat mort à l'assaut
« juge » le déserteur qui survit à la guerre. Cette condamnation à la fois idéale (dans sa présentation) et réelle (puisque
Dieu la ratifiera au dernier jour) aide à comprendre le cas
des dirigeants juifs « condamnés » par la reine de Saba (*Mt.*,
XII, 42) ainsi que la teneur du réquisitoire du Saint
Esprit qui réclame la condamnation de ceux qui refusèrent
de croire en Jésus, en sa présence, alors que les Apôtres et

les disciples croient en lui, bien qu'il ne soit plus sur terre (*Io.*, XVI, 8-11).

34. — Type : « haïr » son père = *ne pas le préférer à Jésus*. — Entre aimer de tout son cœur et haïr de toute son âme nous discernons une infinité de nuances dans l'amour, dans la haine et même dans l'indifférence, qui peut se colorer de vague sympathie, ou de légère hostilité. La palette orientale ne dispose que de deux couleurs, mais si le peintre évite de les mélanger, sa pensée est aussi fine que la nôtre : aimer une créature par-dessus tout est inconciliable avec l'amour auquel Dieu et Jésus ont droit, il faut donc ne leur préférer personne, même ceux à qui nous devons le plus d'amour ; et si « la Loi et les Prophètes » (§ 122) se résument dans le premier et le second commandement, comment celui qui vient parfaire cette législation pourrait-il nous conseiller de haïr nos parents et nos enfants ? (Voir §§ 120 et 291.)

35. — Et « viendra (= *reviendra*) Iahvé, mon Dieu, totalité de Saints avec toi (*Zach.*, XIV, 5). — Iahvé est parti de Jérusalem, le mont des Oliviers s'est fendu pour le laisser passer ; une fois la victoire remportée il vient — il revient — avec tous les anges.

Rem. — Ici le sens précis est « *tu reviendras* » (§ 381) comme l'indiquent les mots « avec toi ».

36. — « Aller » (= *va*) et tu parleras (*II Sam.*, XXIV, 12). — Ici encore c'est la formule « tu parleras » (= *parle*) qui donne à l'infinitif le sens d'un impératif. Cf. § 336.

37. — Et « j'ai dit » vous êtes des dieux = et *j'ai fait de vous* des dieux (*Ps. 81*, v. 6). — La parole de Dieu est efficace : elle opère ce qu'elle exprime ; c'est la doctrine du « dixit et facta sunt » qui oppose Dieu à l'homme obligé d'agir pour réaliser ses pensées. Application à *Mt.*, XVI, 18 : « Et moi je te dis : Tu es une roche », formule équivalente de celle qui suit : « Sur cette roche je bâtirai (par ma seule parole) mon Église » ; puisque Simon sait désormais que Jésus est Fils de Dieu, Jésus agit en Dieu, il « dit » et Simon devient « ce

gigantesque piédestal d'une seule roche » qu'il fallait à sa
pensée créatrice « pour lancer dans les airs le dôme magis-
tral » de son Église

38. — Type : « crier » = *crier pour repousser*. — Spécialisation apparente. En réalité le verbe employé dans la Bible
a toujours ce sens. La langue française trop analytique ne
peut rendre par un seul mot l'action qui consiste à repousser
quelqu'un en élevant la voix (*Ps. 103*, v. 7 ; *Nah.*, I, 4 ;
Ps. 118, v. 21 ; *Mt.*, VIII, 26 ; XIX, 13 ; XX, 31 ; *Lc.*,
XIX, 39 et *Jude*, 9).

La spécialisation d'un sens général s'exerce volontiers dans
e domaine des mots invariables.

39. — Et « voici » bon beaucoup = *et Dieu constata que
c'était* tout à fait réussi (*Gen.*, I, 31). — Ce mot ne s'adresse
pas au lecteur (*et vois ceci*) mais il exprime l'impression du
personnage en scène ; on pourrait traduire : *il se dit : voilà
qui est excellent.* « Et (Noé) vit et voici (*il constata que*) la surface du sol était desséchée (*Gen.*, VIII, 13). » Le « voici »
prophétique est analogue et marque la certitude, l'évidence
surnaturelle du fait à venir : « Voici mon Serviteur prospé-
rera » = *je le vois qui* prospère (*Is.*, LII, 13) ; la Vierge Marie
est certaine de recevoir nos félicitations jusqu'à la fin du
monde (*Lc.*, I, 48).

40. — « Et davantage » = *ou plutôt mais sans nier ce qui
précède.* — « Le Christ est mort, ou plutôt il est ressuscité
(*Rom.*, VIII, 34) » ; « à présent que vous avez connu Dieu, ou
plutôt que vous avez été connus de Dieu (*Gal.*, IV, 9) » ; Salomon a dû prier pour recevoir la vraie sagesse et pourtant il
était bien doué, « j'étais, dit-il, un enfant bien formé et avais
reçu en partage une âme bonne, ou plutôt, étant bon, j'étais
venu dans un corps sans souillure (*Sap.*, VIII, 19 s) » : la per-
sonnalité s'attache au corps animé, c'est vrai ; elle s'attache
à l'âme qui anime le corps, c'est encore plus vrai ; et si ni
le corps ni l'âme ne préexiste à cette individualité, certaines qualités psychologiques exigent la présence de certaines qualités physiologiques du composé humain.

41. — Type « devant moi » = *dans le passé*. — Bossuet disait : « Si je jette la vue devant moi, quel espace infini où je ne suis pas ! Si je la retourne en arrière, quelle suite effroyable où je ne suis plus, et que j'occupe peu de place dans cet abîme du temps ! (*Sermon sur la mort*) » Les auteurs bibliques ont le passé devant eux, et l'avenir derrière eux. En accadien, « en arrière » signifiait : *dans l'avenir*, et « rester en arrière » : *être encore dans l'avenir*. Peut-être faut-il entendre ainsi la parole de Jean-Baptiste : « Celui qui vient derrière moi (= qui se manifestera de plus en plus *dans l'avenir* se trouva devant moi (= dans le passé) car il est le premier (= le plus ancien) (*Io.*, I, 15) » ; or Jean est né avant Jésus, donc il parle de la préexistence du Christ.

42. — Ses Sorties sont « de devant », des jours d'antan = sa naissance transcendante (§ 23) remonte *au delà du plus lointain passé* (*Mich.*, V, 2). — Pour bien comprendre cette expression, voyons d'abord sa signification spatiale. L'Oriental s'oriente : en partant de son « qedem » (premier sens : *de son front*) son regard explore ce qui est « devant lui » (la région orientale), et toujours dans la même direction, il part « de devant » vers l'extrême orient. Dieu avait fixé sa résidence au pays d'Éden ; en partant de ce palais divin en direction de l'Est, nous trouvons successivement : le Paradis, les Chérubins postés à l'entrée, la région où fut exilé Adam, le pays où se réfugia Caïn. Plus tard, des montagnards résidant à l'Ouest de la future Babylonie envahiront la plaine et entreprendront de gigantesques constructions et Dieu les dispersera avant qu'ils aient pu les achever. Quand Lot se dirige « de devant » soi, il prend la direction de l'Est (*Gen.*, XIII, 11). Et cette « orientation » a quelque chose d'absolu, elle subsiste même quand on parlera de l'ouest ; Abraham aura Béthel « de mer » et Haï « de devant » (*Gen.*, XII, 8) : pour situer Béthel il faut tracer une ligne qui part de la mer Méditerranée et rejoint la tente d'Abraham. Les mages sont « d'Orient » par rapport à Jérusalem et ils avaient vu son astre « en orient » = dans la région orientale du ciel.

Transposons dans le temps. Les Anciens imaginaient le temps passé comme devant eux (§ 41). En partant du moment présent, ils trouvaient d'abord le passé récent, puis en partant « de » là, ils remontaient vers les origines. La Naissance divine du Messie est localisée par Michée « de devant, des jours de toujours » = *au delà des jours les plus anciens* : manière de dire qu'elle précède toute durée, si longue qu'on la suppose. Jésus affirmera : « Avant qu'Abraham naisse, je suis (*Io.*, VIII, 58). »

On voit en quoi nous nous écartons de l'interprétation assez courante : sa généalogie se perd dans la nuit des temps. Deux siècles à peine séparaient Michée de David, et David était un humble berger. On savait que le Christ serait fils de David, et fils de Juda, mais on y voyait un grand honneur pour David, pour Juda. Et Michée veut précisément opposer à l'humilité de Bethléem l'éminente dignité de Celui qui naquit avant la constitution du monde.

43. — L'expression « min-neged » (littéralement : « de loin ») signifie : *au loin, dans le lointain, à distance*. Tout mouvement de retour vers l'observateur est exclu, comme au § 42 (*Biblica*).

44. — Cette ville sera ruinée « d' » inexistence d'habitant = *elle sera (et restera) sans habitants* (*Jer.*, XXVI, 9). — Le second membre de la phrase indique non pas la cause, mais le résultat de la ruine. Cf *Prov.*, XXIX, 18 : « en » inexistence de vision, le peuple devient apostat = *faute de* vision prophétique (Trad. Joüon). Cf. § 16.

45. La Gloire de Dieu apparut « en » nuée = *sous forme de* nuée (*Ex.*, XVI, 10). — Et non pas : dans une nuée préexistante. Iahvé descend « en » (= *sous forme de*) colonne de nuée et se poste à l'entrée de la tente (*Num.*, XII, 5). De même, au Buisson Ardent, Iahvé — ou son ange — apparut à Moïse non pas dans la flamme, mais sous la forme d'une flamme (*Ex.*, III, 2). Et Iahvé lui dira : « Je suis apparu (à Abraham, Isaac et Jacob) en El-Shaddaï » *à titre* de Dieu Tout Puissant, sous le simple vocable d'El-Shaddaï, me réservant de révéler plus tard le nom qui exprime mieux encore ma nature. Cf. *Biblica*, 1923, 318. C'est ce que les grammairiens appellent le « beth essentiae ». Il a passé dans le grec biblique. « En seigneur leur récompense » = *elle consiste en lui, il est leur récompense* (*Sap.*, V, 16).

46. — Elle ne sera pas anéantie « dans » la famine = *par* la famine (*Gen.*, XLI, 36). — Et voilà le beth instrumental. C'est Dieu qui est ici la cause principale (§ 106).

47. — Béni « à » Iahvé = béni *par* Iahvé.

48. — Le *Cantique des cantiques* qui « à » Salomon = qui est *de* Salomon (*Cant.*, I, 1). — Lamed auctoris.

49. — Type : grand « (autrement) que » tout le peuple = *plus grand que* les autres (*I Sam.*, IX, 2). — Théoriquement la formule pourrait s'appliquer à celui qui est plus petit que les autres ; on l'a spécialisée au rôle du comparatif de supériorité ; ainsi dans *II Sam.*, XVIII, 8 : « La forêt fit beaucoup à manger (§ 163) autrement que le glaive » = *elle en dévora plus que ne fit le glaive.*

50. — Lourd « de » moi = *trop* lourd *pour* moi. — Le sens obvie serait : *plus* lourd *que* moi, mais ici l'objet n'est pas comparé à la personne, mais à sa force. Caïn gémissait : « Mon crime (= le châtiment que vous m'infligez pour punir ce crime (§ 14) est (*trop*) grand (*pour*) que (je le puisse porter » (*Gen.*, IV, 13). *Gen.*, XXXIX, 9 signifie : rien n'est *trop* grand *pour* moi, dans cette maison. Cf. *Ps. 138*, v. 6 ; *Ps. 130*, v. 1.

51. — Moi « et » (= *avec*) mes servantes, je jeûnerai (*Esth.*, IV, 16). — La reine décide de jeûner et elle est sûre que ses servantes en feront autant. « La femme et (= *ainsi que*) ses enfants sera » (*Ex.*, XXI, 4) ; « et se leva Rébecca et ses servantes » (*Gen.*, XXIV, 61). C'est le « et » d'accompagnement.

52. — Parce que tu rejetas la parole de Iahvé « et » (= *eh bien* à cause de cela même) il te rejeta de Roi » (*I Sam.*, XV, 23). — La pensée du motif d'enlever à Saül la royauté

s'étant estompée est reprise avec énergie. *Ex.*, XVI, 6 :
« (dès ce) soir... « et » (= *eh bien*, vous m'entendez, dès ce soir)
vous saurez etc... ». Il va sans dire qu'il ne faudrait pas traduire avec une telle emphase.

53. — « Et » convertissez-vous = *mais* convertissez-vous
donc ! (*Ez.*, XVIII, 32). — Expression du sentiment. « Et
toi, Bethléem (*Mich.*, V, 2) » ; « et le Verbe s'est fait chair ! »
(*Io.*, I, 14).

54. — « Non homme Dieu « et » il mentira » = Dieu n'est
pas un homme *pour* mentir (*Num.*, XXIII, 19).

55. — Il n'a pas de beauté « et » aimons-le = il n'a plus la
beauté requise *pour que* nous éprouvions de l'affection pour
lui (*Is.*, LIII, 2). — La forme « aimons-le » est un ancien subjonctif devenu un cohortatif (*nous voulons* l'aimer, nous
ferions bien de l'aimer) ; la forme « et aimons-le » est encore
plus dégradée, elle n'indique plus qu'une subordination
(*afin que*, ou *de sorte que* nous l'aimions).

Applications : « Je veux m'avancer et que je voie » = *afin*
de voir (*Ex.*, III, 3) ; « n'y a-t-il pas ici quelque prophète et
interrogeons » = *afin que* nous puissions (§ 335) l'interroger
(*III Reg.*, XXII, 7).

56. — « Viens avec moi à la maison et que tu reprennes des
forces et que je te donne un don » = viens *pour* te récon-
forter d'abord et *ensuite* je t'offrirai un cadeau (*III Reg.*,
XIII, 7). — La même forme pour exprimer l'idée de fina-
lité et celle de consécution.

57. — « Monte et je les donnai en tes mains » = attaque,
car je te les livrerai (*I Par.*, XIV, 10). — Le motif d'attaquer
est la certitude du succès (le verbe au parfait, § 340).

58. — « Et il quittera son père, et il mourra » = *s'il quittait*
son père, celui-ci *en* mourrait (*Gen.*, XLIV, 22). — Manière
d'indiquer une condition. — Remarquer le changement de
sujet.

59. — « Non Jacob sera dit encore ton nom que si (= *mais
bien*) Israël » (*Gen.*, XXXII, 29). — Aide à comprendre

Lc., IV, 26 : « Élie ne fut envoyé (par Dieu, § 106) à aucune (veuve d'Israël) » si non « (= *mais bien*) à Sarepta de Sidonie à une femme (§ 259) veuve » et *Mt.*, XII, 4 : « Ils mangèrent les Pains de proposition qu'il n'était pas permis de manger ni à lui, ni à ceux qui étaient avec lui « sinon » aux prêtres seuls ».

60. — « Sous qu'il » livra son âme à la mort » = en *récompense* de son immolation personnelle. « Sous que » exprime aussi la *punition* (*Jer.*, L, 7). — La rétribution ne survient pas, elle « subvient ». Le français a hésité jusqu'au XVIIe siècle entre « sur peine de la vie » et « sous peine de la vie » (F. BRUNOT, *La Pensée et la Langue*, p. 415).

61. — « (Joseph) ne la connaissait point jusqu'à ce qu'elle enfanta son Fils » = il ne la connut point, *et cela jusqu'à* la naissance de son Fils, et *toujours depuis* (*Mt.*, I, 25). — C'est un contre-sens de comprendre : il la connaissait, *non pas avant mais depuis*, car la négation ne porte pas sur le mot « jusqu'à » mais sur le verbe « connaissait ». Comme dans cette phrase « son cœur est inébranlable, il n'a pas peur jusqu'à ce qu'il voie ses ennemis (sous ses pieds) » ; cela implique-t-il qu'après la victoire il aura peur (*Ps. 111*, 8 = *Ps. Héb. 112*, 8). « Et me voici avec vous, tous les jours jusqu'à la fin des temps », le Christ les quittera-t-il pendant l'Éternité qui suivra ? (*Mt.*, XXVIII, 20)

Ce schème répond à la même psychologie que le « non fecit taliter omni nationi » qui signifie que Dieu n'a agi ainsi avec aucune nation : la négation affecte le verbe et laisse à « omni nationi » son sens absolu de *envers toute nation sans exception* (§ 330).

62. — « Marchant » = *il marche* (*Gen.*, XXXII, 6). — Cet emploi du participe est réservé à la 3e personne. — Application : « ils entendirent la voix de Iahvé Dieu se promenant » = ils perçurent le bruit des pas de Dieu lorsqu'*il se promenait* (*Gen.*, III, 8); ici le participe a valeur de proposition temrelle) ; « Versant le sang de l'homme, dans (= *par*, § 46).

l'homme son sang sera versé » : *si quelqu'un verse* (*Gen.*, IX, 6). On aura remarqué la parfaite symétrie des termes (cf. § 210).

D. L'expression qui généralise le sens d'un mot.

63. — « La mer de Galilée » = le *lac* de Galilée. — Plutôt indigence du lexique que goût de l'emphase. Dans *Lc.*, IV, 29, le « sommet de colline » est la crête d'un escarpement.

64. — « Frère » = *parent plus ou moins proche.* — En hébreu, comme en araméen, le mot « frère » revêt les acceptions suivantes : *frère, demi-frère* (c'est le cas de Benjamin dans *Gen.*, XLII, 15 ; XLIII, 5) ; *cousin* (cas de Siméon, Judas, Jacques et José relativement à Jésus, § 65) ; *cousin issu de germain* (cas de Laban et Jacob, *Gen.*, XXIX, 15) ; *neveu* (Lot vis-à-vis d'Abraham, *Gen.*, XIII, 8) ; *neveu à la mode de Bretagne* (cas de Nadab et Abiu vis-à-vis de Misaël et Élisaphar, *Lev.*, X, 4) ; *compatriote, compagnon, correligionnaire, homme*, §§ 217, 220 et 223).

65. — « Les frères du Seigneur » = *les cousins de Jésus.* — « Cette expression a pris naissance dans la communauté primitive ; on ne peut donc refuser d'admettre que le mot grec soit la traduction d'une expression araméenne, formée dans un milieu araméen, avec son acception dans cette langue et dans ce milieu, et que ce mot soit employé dans le même sens qu'il a dans les Septante en pareil cas (P. Lagrange, *Év. S. Marc*, 4e édit., p. 79). » On en fit comme un titre honorifique ajouté au nom de Jacques et de José, fils d'Alphée et Marie (sœur) de Clopas et au nom de Siméon et de Judas, fils de Clopas et d'une femme dont on ignore le nom. Ce Clopas et cette Marie étaient frère et sœur de saint Joseph (cf. P. Vosté, *De conceptione virginali Jesu Christi*, Romae, 1933).

66. — « Laban fils de Nachor » = *petit-fils* de Nachor (*Gen.*, XXIX, 5). Cf. § 142.

67. — « Deux, homme et sa femme » = deux animaux, *un mâle et sa femelle* (*Gen.*, VII, 2). — L'auteur disposait de la formule « mâle et femelle », que d'aucuns appliquent à l'espèce humaine, mais il fallait faire comprendre que Noé ne devait pas prendre au hasard un mâle et une femelle de même espèce, mais un couple.

68. — « Et que soit quoi » = *advienne que pourra* (*II Sam.*, XVIII, 22). — Toute langue est embarrassée pour exprimer l'indéfini avec des mots définis.

69. — « Ils abreuvèrent » = *on abreuvait* (*Gen.*, XXIX, 2). — Dans la réalité, ces personnes sont bien déterminées, mais dans la pensée elles restent quelconques.

70. — « Il pendit » = *il fit pendre* (*Gen.*, XL, 22). — Extension de sens qui se justifie : ayant donné l'ordre, il est responsable. — « Pilate prit Jésus et le flagella » (*Io.*, XIX, 1).

71. — « Retenir (le bien d'autrui) » = *opprimer*. — On considère comme une *oppression* le fait de « retenir » le salaire d'un mercenaire ou de « détenir » le propriétaire d'un bien que l'on veut « retenir ». En « retenant » le peuple, Pharaon *l'opprimait*, sans compter ce qu'avait d'opprimant la corvée qu'il lui imposait (cf. P. Joüon, *Biblica*).

72. — « Et façonna — Iahvé — Dieu l'homme poussière » = et Dieu, c'est-à-dire Iahvé, *façonna* l'homme avec une motte d'argile (*Gen.*, II, 7). — En toute langue le double accusatif donne au verbe double valeur. « Beaucoup de maux les autres tu fis » = *tu fis beaucoup de mal aux autres* (Platon). Dieu façonne cette terre rougeâtre (première idée). Dieu ne crée pas le corps de l'homme à partir du néant (seconde idée).

73. — « Et vit Dieu la lumière qu'(elle était) bonne » (*Gen.*, I, 4). — Là encore il y a double objet et double point de vue : *en regardant* la lumère, Dieu *constate* son excellence (ici « bonne » signifie sans doute : *meilleure que les ténèbres*, § 356).

74. — « Toute aile » = *tout volatile* (*Gen.*, VII, 14). — Tout animal ailé. Les rhéteurs disent qu'ici on prend la partie pour le tout ; ce n'est pas très exact ; ailleurs, le mot signifierait la partie, ici il exprime le tout, et personne ne s'y trompe.

75. — « Le Verbe s'est fait chair » = *le Verbe a pris une nature humaine parfaite* (*Io.*, I, 14). — Il n'y a pas là une simple synecdoque, comme lorsque l'on dit qu'il y a « trois clochers » dans le canton, car le mot « chair » était alors le terme courant, pour désigner l'homme entier (*Ps. 55*, v. 5 et 11 ; *Ps. 64*, v. 3 ; etc.).

76. — « Ils deviendront une seule chair » = *ces deux personnes formeront désormais une seule personne morale* (*Gen.*, II, 24). — Aux yeux du législateur divin, le divorce ressemble à un suicide, et il faut avoir un « cœur dur » (§ 8) pour ne pas comprendre que la polygamie est une monstruosité morale.

Pour « la chair et le sang » et pour « ni la chair ni le sang », voir § 123.

77. — « Mon âme adhère au pavé » = *je me suis prosterné sur le pavement* (*du Temple*) (*Ps. 118*, v. 25). — Pour désigner la personne, la Bible se contente de mentionner l'âme ou le corps, ou une faculté de l'une ou une partie de l'autre. Les exemples sont innombrables et souvent mal interprétés. « Magnificat anima mea Dominum » ; « Beatus venter qui te portavit » ; « ma face ira devant toi » ; « mon âme t'ai désiré » (et non : « t'a désiré ») dans *Is.*, XXVI, 9 ; cf. *Ps. 43*, v. 25. Voir § 384.

78. — « Ma voix vers Iahvé je crierai » = *j'invoque Iahvé à haute voix* (*Ps. 3*, v. 5). — Jean-Baptiste se disait : « la voix qui crie dans le désert », c'est-à-dire la personne ayant cette mission d'après Isaïe. — Mayer LAMBERT donne une autre interprétation : (*on entend*) *ma voix* (*à moi*) *qui invoque Iahvé* ; d'après le schème du § 412.

79. — « Aimant son âme » = *s'aimant soi-même* (*Prov.*, XIX, 8). — Suppléance du pronom réfléchi.

80. — « Dire dans son cœur » = *se dire en soi-même.*

81. — « Dire vers son cœur » = *se dire à soi-même*. — Par analogie avec la formule courante « dire vers quelqu'un » = *s'adresser à lui*.

E. Le pluriel qualificateur.

82. — Type : « la moisson des blés » = *la moisson du blé* (*Gen.*, XXX, 14). — Pluriel de composition. Le sémite, très concret, imagine les tiges, les épis, les grains. Le singulier désignerait l'espèce. — Applications : « elle les cacha dans les lins de l'arbre » : dans *du lin* en tige (*Jos.*, II, 6 ; cf. § 63) ; « les lins » : les *vêtements de lin* (*Dan.*, X, 5) ; « des bois » : *du bois, des morceaux* ou *des pièces de bois* ; « des argents » : *de l'argent monnayé* ; « 30 argents » : 30 *pièces d'argent* (*Mt.*, XXVI, 15 ; cf. *Zach.*, XI, 12) ; « deux airains » : *la chaîne* dont ils sont les premiers chaînons ; « les eaux » : *l'eau* ; « la voix des sangs de ton frère » : de *son sang versé* et formant des flaques (*Gen.*, IV, 10) ; mes « peuples » : *ma famille*, mes ancêtres.

83. — Type : « les cieux » = *le ciel*. — Pluriel d'extension. La voûte azurée dont on admire l'étendue fait l'effet d'un grand manteau formé de nombreux morceaux d'étoffe ou d'une vaste tente dont les tissus de crin sont cousus bout à bout. Ne songeons donc pas aux sphères concentriques d'Aristote.

« Les faces » sont les régions *du visage* : front, joues, etc. ; « les pédales », *l'endroit des pieds* ; « les capitales » désignent *le chevet du lit*. Peut-être « les îles » sont-elles simplement *le continent* transmarin et « les mers » la vaste étendue de *l'océan* ; on trouve aussi « les fleuves » dans ce sens.

84. — « Iahvé conduit le juste par des voies droites » = *par une voie bien droite* = *très courte* = *rapidement franchie* (*Sap.*, X, 10). — N'imaginons pas la rose des vents ni la ligne brisée, songeons plutôt à des étapes successives toujours sur la même route qui mène droit au Temple ou au Ciel ; en accadien la désinence « -ish » ajoutée au pluriel

« arhâtu » (= *chemins*, *étapes*) lui donne le sens adverbial de *rapidement*. Voir aussi le § 249.

85. — Type : « Sagesses » = *La Sagesse transcendante* (*Prov.*, I, 20). — Pluriel d'excellence. D'un grand savant nous disons : « c'est un puits de science », ou « il possède toutes les sciences, il sait tout ce que les autres savent ». D'un grand Sheik un Arabe disait une fois : « Les Sheiks m'a dit. » Ici nous avons « Sagesses (sans article parce que c'est devenu un nom propre) dans la rue crie ; dans les places elle donne sa voix », on l'entend dire : « Je répandrai sur vous mon Esprit » (v. 23). Comme nous sommes en pleine sphère divine, il s'agit de la Sagesse incréée, attribut divin, ou personne divine. Ainsi les « Sept Esprits » sont le Saint Esprit en personne dans *Apoc.*, I, 4.

Sur les «Sorties» du Messie opposées à sa sortie de Bethléem, voir § 42. « Elohim » (sans article) veut dire : *Dieu !* « Adonaï » (littéralement : Messeigneurs) : *le Seigneur* (§ 267) ; « ses maîtres » : *son maître* (*Ex.*, XXI, 29) ; « Téraphim » (litt. les Téraphs) : *le Teraph* (idole domestique ; celui qui la détenait avait des droits particuliers sur l'héritage du domaine ; on comprend le désir de Rachel de garder cette statuette sans valeur. *Gen.*, XXXI, 19).

Comparer ces formules avec « Iahvé à moi en (§ 45) mes auxiliaires » = pour moi, c'est Iahvé qui est *mon grand Auxiliaire* (*Ps. 117*, v. 7) ; « Dragons » = *le grand Dragon* (*Ps. 73*, v. 13 ; cf. *Apoc.*, XX, 2).

86. — *Sap.*, IV, 2 : Couronnée, dans l'éternité elle triomphe ayant remporté la victoire dans un combat « à prix incorruptibles » = d'un prix incorruptible, *inestimable*. — Le pluriel désigne ici l'inépuisable valeur de la récompense obtenue.

87. — La Bible utilise aussi un pluriel poétique : « chairs » au lieu de « chair » ; « fidélités », au sens de *fidélité*.

REM. — Le phénomène inverse se présente.

88. — La fête des « Expiations » = *de l'Expiation* des fautes du peuple. — Pluriel d'abstraction. L'esprit synthétise les multiples manifestations d'une qualité, d'une action ou d'un

état : « sécurités » : *la sécurité* ; « adolescences » : *l'adolescence*
ou le *temps de l'adolescence* ; « vies » : *la vie* ; « émotions » :
la tendresse, la miséricorde.

89. — Lorsqu'un même nom est employé au duel et au
pluriel, le duel indiquera le sens propre, le pluriel un sens
métaphorique. Ainsi « douze yeux » seront *douze sources* ;
« quatre mains » : *quatre étais* ; « 50 paumes » : 50 *cuillers* ;
« 18 pieds » : 18 *fois* ; « 4 cornes » : 4 *angles*. Toutefois « dix
cornes » peut désigner *deux cornes très redoutables* (*Apoc.,*
XII, 3).

90. — *Mt.,* II, 20 : Ils sont morts ceux qui cherchaient
l'âme de l'enfant = *il est mort celui qui voulait tuer l'enfant.*

Pluriel de catégorie (Cf. *Biblica*, 1933, 72). Ainsi « les disciples » pour désigner l'un d'eux : Philippe (*Mc.,* VI, 37 s.),
Judas (XIV, 4) ; les saintes femmes pour désigner Madeleine
(*Mt.,* XXVIII 9 s.) à supposer que le texte soit parallèle à
Io., XX, 11-18 ; « les larrons » pour désigner le mauvais la-
ron (*Mt.,* XXVII, 44) ; « les soldats » (*Lc.,* XXIII, 36) ; « les
serments » (*Mt.,* XIV, 9) ; « en paraboles » : en recourant à
ce mode d'enseignement (*Mc.,* XII, 1).

91. — « Un fils des prophètes » : *un prophète.* — Un individu
appartenant à cette catégorie. — Entre 850 et 750, dans le
royaume du Nord, cette formule pouvait se limiter aux
membres d'une confrérie, mais avant et après cette période
rien n'oblige à lui donner ce sens précis. Un « fils des Pharisiens » (*Act.,* XXIII, 6) peut être un Pharisien dûment
inscrit sur les rôles du parti. Voir la formule « fils d'assassin »,
§ 142.

92. — *Zach.,* IX, 9 : « Un fils des ânesses » = *le petit
d'une ânesse.* — Pluriel de généralisation. C'est ainsi qu'on
nous parlera de « montagnes de Sion », de « songes », de
« sommeils », etc.

93. — « Les peuples des pays » = *les peuples du pays*
(*Esd.,* III, 3).

Ayant mis le mot « peuple » au pluriel, on se laisse entraîner
à mettre son complément au pluriel, sans s'inquiéter de l'am-

biguïté qui en résultera. Ainsi « hommes de noms » veut dire : hommes qui ont laissé chacun un nom, *hommes renommés*.

LA VALEUR EXPRESSIVE DU DUEL

94. — « Misraïm » signifiait à l'origine les deux Égyptes, la Haute et la Basse. Mais « Yerou-Shalaïm » semble une déformation de « Yerou-Shalem ».

95. — « Les deux soirs » *forment le crépuscule*. A Jérusalem il dure une demi-heure, et va du coucher du soleil à la tombée de la nuit noire. «Les deux midis» comprennent la fin de la matinée et le début de la soirée. La formule « deux ans » a valeur d'adverbe (ne pas la traduire : *ces deux années*, mais *sur un espace de deux ans*).

96. — *Jud.*, XVI, 28 : « Je vengerai, venger un de deux, de mes (deux) yeux = » *d'un seul coup je vengerai comme il faut* (§ 170) *mes deux yeux*. Insistance pour accentuer l'antithèse.

F. Le singulier unificateur.

97. — « Dans l'oiseau » = *parmi toutes les espèces d'oiseaux*. — « La ramperie » : les reptiles (voir § 29) ; la « houppe » l'ensemble des houppes que l'on portait aux angles du manteau rectangulaire ; « l'adam » est le nom du genre humain et le nom propre du premier homme (le pluriel n'existe pas).

98. — « Le champ » = *les champs* = *la campagne*.
C'est donc un collectif. Pour désigner un champ particulier, la Bible devra dire : «une portion du champ » (*Ruth*, II, 3). Cf. § 158.

99. — *Is.*, IX, 2 : « ce peuple les marchant » = *le peuple qui marche* (§ 62).
Le sens invite à mettre au pluriel les mots qui déterminent le nom collectif.
Jud., IX, 55 : « Et virent l'homme d'Israël » = *les Israé-*

lites virent. Ne disons-nous pas : « la plupart arrivèrent à l'heure » ?

Dans *Gen.*, IV, 10 « la voix criantes » veut dire : *les cris poussés par cette voix.* Le sang répandu (§ 82) est personnifié, il crie vengeance et adresse sa plainte à Dieu. C'est à cause de cela qu'on dira d'Abel : *defunctus adhuc loquitur* (*Heb.*, XI, 4).

100. — *Gen.*, VII, 14 : « toute aile » = *tous les oiseaux.* — Nous avons vu (§ 74) qu'ici « l'aile » désigne l'oiseau entier, remarquons maintenant que « tout » ne désigne pas — ici — l'oiseau entier (totus) mais la totalité des oiseaux (omnes). C'est qu'en hébreu le mot « tout » est considéré comme un nom déterminé, bien qu'il n'ait pas l'article. Il faut donc le traduire mentalement ainsi : *la totalité de....* Suivant le contexte on verra si « toute la ville » veut dire : *la ville entière* ou *toutes les villes* (cas le plus fréquent).

101. — « (La) totalité du jour » ne désigne pas non plus le jour entier, mais : *tous les jours, tout le temps, toujours.* C'est l'équivalent de la formule également courante : « (la) totalité des jours ».

« (La) totalité du fils » veut dire : *tous les fils.*

102. — « En (la) totalité de jour » (sans article devant « jour ») signifie : *chaque jour.*

« (La) totalité de tuant Caïn » correspond à notre formule : *quiconque le tuerait* (*Gen.*, IV, 15).

103. — *II Sam.*, II, 23 : « (la) totalité du venant » = *tous ceux qui venaient* (§ 62). — La présence de l'article devant le participe nous ramène au sens du § 101.

104. — *Jud.*, VII, 20 : les cruches qui étaient dans « leur main » = dans *leurs mains.* — Nous éviterions de dire : « on voyait les sabres qu'ils tenaient à la main ». Par souci d'équilibre, nous dirions : « le sabre qu'ils tenaient à la main ».

Une autre formulation s'offre encore à nous, et la voici : « le sabre qu'ils avaient en main ». L'hébreu connaît ce mode d'expression qui consiste à donner un sens adverbial au nom pris au singulier. Ainsi « des barres » signifie *une barre* (cf. § 83), mais « à barre de » signifie *à part, seulement* (ex. : « l'homme *ne vit pas de pain seulement* »). Le singulier du mot qui signifie *visage* (§ 83) est devenu une conjonction signifiant : *par rapport à ce que, de peur que* (§ 195).

G. **Le féminin dépréciateur.**

105. — Il n'y faut voir aucune doctrine, c'est une simple trace d'un état ancien de la langue qui admettait deux catégories : la catégorie de l'indépendant : la personne, le masculin, le singulier, le nominatif, l'indicatif ; la catégorie du dépendant : la chose, le féminin, le pluriel, le génitif, l'accusatif, le subjonctif.

Ni l'hébreu, ni l'araméen n'avait de genre neutre. « Celle-ci » peut signifier *cette chose, cela*. Exemple : « unam petii a Domino, hanc requiram » est un simple calque ; il eût fallu traduire : *unum... hoc.* Ps. 26, v. 4.

Gen., IV, 10 : « quoi celle-ci fis-tu ? » = *qu'as-tu fait là!* (Sur la valeur exclamative, voir § 310.)

Peut-être y a-t-il féminin dépréciateur dans les mots suivants : « bêtes » (*Joël.*, I, 20 ; *Ps. 8*, v. 8) : *une bête, une grosse bête* ; « péchés » : *un gros péché* (*Is.*, LIX, 12) ; « éternuements » : *un éternuement bruyant* (*Job.*, XLI, 9).

H. **Le passif théologal.**

106. — C'est le type par excellence de l'expression biblique. Puisqu' « en principe le passif ne s'emploie dans les langues sémitiques que pour exprimer les actes dont l'auteur n'est pas nommé » (Mayer LAMBERT, *Traité de grammaire hébraïque*, § 1320) les auteurs bibliques se sont complus à l'employer pour exprimer les actes de Dieu. Cf. LAGRANGE, *Év. selon saint Matthieu*, p. CI.

107. — L'ange Gabriel saluant Marie de Nazareth lui dit : « Réjouissez-vous, comblée de grâce » : = *comblée de grâce par Dieu.* Saint Grégoire le Thaumaturge explique : « Réjouissez-vous, comblée de grâce, le Seigneur est avec vous, car il vous appartient vraiment de vous réjouir, puisque la grâce *divine*, comme vous le voyez, dresse sa tente avec vous. »

108. — Parlant du juste, l'auteur de la *Sagesse* nous dit : « Devenu agréable à Dieu, il fut aimé (par Dieu) et, vivant parmi les pécheurs, il fut transféré (par Dieu) » (IV, 10). — Son sort est analogue à celui d'Hénoch et d'Élie : il est dispensé de descendre au Shéol, et Dieu (cf. v. 17) le saisit (v. 11) pour le soustraire au mal, et le placer auprès de lui « dans la gloire » comme disait le *Ps. 72*, v. 24 (à rapprocher du *Ps. 48*, v. 16). Jésus dira : « alors (§ 27) deux seront dans le (§ 258) champ (§ 98) un est pris et un (§ 331) est laissé » (*Mt.*, XXIV, 40).

109. — *Gen.*, XLIX, 10 : « Le sceptre ne sortira pas de Juda, ni le bâton de commandement, d'entre ses pieds, jusqu'à ce que vienne Celui à qui.... A Lui l'obéissance des peuples. » = *Celui à qui ce sceptre sera donné par Dieu.*

Ézéchiel le comprendra ainsi, lui qui écrira : « ... jusqu'à ce que vienne celui à qui (je donnerai) le jugement et (à qui seul) je le donnerai » (XXI, 27).

La pensée de Jacob est la suivante : Mon fils Juda tiendra en mains un grand sceptre (§ 204) dont l'extrémité restera immobile entre ses pieds jusqu'à ce que le Dominateur attendu qui doit naître de lui prenne ce sceptre que Dieu lui destine.

« Ce passage ne devrait plus être controversé (P. La-grange, *R. B.*, 1898, 531). » Cf. *Lc.*, XII, 48.

110. — *Io.*, XIX, 30 : « Lors donc qu'il eut pris le vinaigre, Jésus dit : « (Tout) est achevé » et la tête inclinée il rendit l'esprit. »

Le verbe grec « tételestaï » doit avoir pour sujet sous-entendu « ta panta » : toutes les choses que mon Père avait décidé d'opérer par moi *sont (désormais) achevées par lui et par moi*, je puis donc mourir. Pensée exprimée souvent par Jésus au cours de sa vie : « Je vous ai montré beaucoup de travaux excellents (provenant) *du Père* ; pour lequel de ces travaux voulez-vous me lapider ? (*Io.*, X, 32).» « Si je ne fais *les œuvres du Père*, ne croyez pas en moi, mais si je (les) fais, et si même alors vous ne voulez pas croire en moi, croyez (du moins) à ces œuvres, et vous verrez bien que le Père est en moi et que je suis en lui (v. 37-38). »

CHAPITRE II

L'EXPRESSION FORMÉE DE PLUSIEURS MOTS JUXTAPOSÉS

Généralités

111. — Ici encore nous grouperons nos expressions surtout d'après leur aspect extérieur, en tenant compte le plus possible des affinités internes. Voici la série des principaux types :

A) Deux noms :

 « Jour, jour » (112).
 « Cieux et terre » (121).
 « Roi de gloire » (129).
 « Fils à Jessé » (158).

B) Deux verbes :

 « Lève-toi traverse ce Jourdain » (160).
 « Tu as bien fait à voir » (163).
 « Tu seras pêchant des hommes » (168).
 « Aller et revenir » (169).
 « Mourir, tu mourras » (170).

C) Un verbe et un nom :

 « Il cria un cri » (179).
 « Trouver grâce » (183).
 « Le dresser le tabernacle » (189).

A. Noms juxtaposés.

1º LA RÉPÉTITION

112. — « Jour jour » : *chaque jour*, — On s'en tient aux deux premiers anneaux de la chaîne. « Jour à l'année, jour à l'année » : *un jour par an* (Num., XIV, 34) ; « homme un, homme un à la tribu de ses pères » : *un homme par familia*

(*Num.*, XIII, 3) ; « mille à la tribu, mille à la tribu » : *un milinier par tribu* (*Num.*, XXXI, 4); « au matin, au matin »: *chaque matin* (*I Par.*, IX, 27).

113. — « Sept, sept » : *sept de chaque espèce* (*Gen.*, VII, 2). — Formulation naïve de l'idée de répartition. Au verset 9, « deux deux » ne signifie pas : en défilant deux par deux, mais *répartis en groupes de deux, par couples.*

« Puits de (bitume) puits de bitume »: *beaucoup de puits de bitume* (*Gen.*, XIV, 10). — Ici la répétition a une valeur intensive.

2° L'APPOSITION

114. — « Jours nombre » semblerait signifier : *jours nombreux* ; le sens est au contraire : *des jours en petit nombre* (*Num.*, IX, 20). — « Hommes peu » = *des hommes formant petit groupe* (*Neh.*, II, 12).

115. — « Deux années jours » : deux années ayant chacune leur compte de jours = *deux années complètes* (*Gen.*, XLI,1).

116. — *Gen.*, IX, 4 : « chair en son âme en son sang » = une chair (§ 75) encore dans son âme, ce qui se constatera si elle est encore dans son sang = *un animal encore vivant, je veux dire un animal, vivant ou non, mais qui n'aurait pas été saigné.*

117. — « La bête la pure» : celle qui entre dans cette catégorie juridique. Ce n'est donc ni la bête qui est pure, ni celle qui n'a pas contracté d'impureté rituelle. Comparer avec notre formule «le lézard vert».

3° LA MENTION DU CONTRAIRE

118. — *Io.* XX, 27 : « et ne sois pas non-croyant mais croyant ». — *Rom.* IX, 1 : « je dis vrai, dans le Christ, je ne mens pas — J'ai pour moi le témoignage de ma propre conscience, dans l'Esprit-Saint : — ce m'est une grande tristesse, etc ». — Nous disons de même : «C'est là

et pas ailleurs que vous avez des chances de le trouver ». —
Ps. 38, v. 10 : « Je me suis tu et n'ai pas ouvert la bouche. »
Io., I, 20 : « Il affirma et ne nia pas » : *il affirma très caté-
goriqument.* Ce schème aide à comprendre *Ps. 138*, v. 16 :
« Sur ton livre étaient tous inscrits les jours qui me sont
destinés, et aucun d'eux... » (sous-entendu : *ne manquait
sur ta liste*). Voir aussi *Io.*, I, 3.

119. — *Soph.*, II, 15 : « moi et exclusivité de moi encore »
= *moi et moi seul je subsiste.* Cette expression ne se retrouve
que dans *Isaïe*, XLVII, 8 et 10. Elle éclaire cette autre formule « moi et mon âme » = *moi et moi seul* (§ 79) (*Tob.*,
XIII, 9, selon la Vg.).

120. — *Ps. 117*, v. 17 : « Je ne mourrai pas mais je vivrai »
= *je ne mourrai pas, au contraire, je commencerai une autre
vie.* — Loi de rhétorique universelle. « Dire d'abord ce qu'une
chose n'est point met l'esprit en action : il essaye de trouver
ce qu'elle est réellement » (V. LECLERC). Ici « vivre » veut
dire : *survivre* à un danger de mort. L'idée (« vivre » = *ne
pas mourir, ne pas être mis à mort*) se trouve peut-être bien
dans le IVe commandement du Décalogue : « Honore (maté-
riellement et spirituellement) ton père et ta mère à raison
que seront allongés (par Dieu, § 106) tes jours (= la durée
de ta vie, § 25) sur le sol que Iahvé ton Dieu te donne »
(*Ex.*, XX, 12) : la mise à mort aurait lieu dans le cas contraire
(XXI, 15 et 17). La vie physique et spirituelle sera prolongée
car il n'y aura ni condamnation à mort sur terre, ni damnation dans l'au-delà. L'auteur du *Livre de la Sagesse* a très
bien saisi cela (IV, 7-19). Même doctrine dans *Hab.*, II, 4 :
« Justus-in-fide-sua vivet » : à partir de l'instant de la justifi-
cation commence une vie sans terme : l'injuste mourra, le
juste vivra, — non pas l'injuste qui se croit juste, mais le juste
qui a fait l'acte de foi plénière que Dieu lui suggérait (§ 18) —
il mène désormais une vie divinisée et donc éternelle (« vivit
Deo » est pour saint Paul synonyme de « non moritur »).
Souvent « faire vivre » signifie : *ne pas tuer* ou *ne pas laisser
mourir*, ou *faire échapper à un danger de mort* (cf. § 211).

4° TYPE : « LES CIEUX ET LA TERRE »

121. — « Les cieux et la terre » signifient : *l'univers organisé* qui est sous nos yeux. — L'accadien disait sans aucun lien grammatical « cieux terre ». Deux mots, une seule idée. S'arrêter à chacun des termes serait ne pas comprendre la pensée exprimée. Cette unité subsistera même si les éléments sont dissociés (§ 202). « Le Dieu des cieux et le Dieu de la terre » c'est le seul et unique Dieu du seul et unique Univers (*Gen.*, XXIV, 3) ; il disait à Moïse : « Moi (je suis) le Dieu de ton père, le Dieu d'Abraham, le Dieu d'Isaac et le Dieu de Jacob » : *le Dieu qu'adoraient vos ancêtres* (*Ex.*, III, 6 ; cf. *Sap.*, IX, 1).

122. — *Deut.*, VIII, 13 : «Argent et or abondera (= *abonderont*) pour toi » = *tu seras très riche.* L'idée de richesse que nous exprimons par le mot « or » (« il roule sur l'or ») est exprimée en hébreu par une sorte de nom composé.

REM. I. — Le premier mot des formules de ce genre vise l'élément jugé le plus important au moins par ceux qui les ont créées : «lumière et ténèbres », « jours et nuits », etc....

REM. II. — «La Loi et les Prophètes » = *la Bible* (l'expression devait être courante chez les Juifs).

123. — « Chair et sang » = *l'homme simplement vivant, l'homme entier, l'homme en tant que mortel, l'homme opposé à Dieu* (cf. *Io.*, I, 13 ; *Mt.*, XVI, 17 et *Gal.*, I, 16), *l'homme dénué de vie divine, spirituelle et éternelle* (*I Cor.*, XV, 50).— « Os et chair » signifie : *corps* (*Job.*, II, 5, cf. *Lc.*, XXIV, 39).

REM. — On dira « ni la chair ni le sang », comme on dit : « ni le jour ni l'heure », la négation est unique et porte sur le tout. Donc aucune disjonction analogue à celle que nous mettons dans « ni Pierre ni Paul ».

124. — « Juda et Jérusalem » = *la Judée politique* (*Is.*, I, 1, etc.). — Par opposition avec la région physique : en nommant la « tête » la capitale d'un royaume défini, on suggère l'ensemble des villes, villages et hameaux qui en dépendent, qui en vivent.

Rem. — A vrai dire, la Bible ne s'occupe guère de géographie : pour elle « toutes les limites de la terre » représentent à l'esprit « toutes les familles des goïm » enfermées dans cet immense horizon (§ 83). *Ps. 21*, V, 28 ; cf. *Tob.* XIII, 13.

125. — *Gen.*, IV, 4 : « Vers Abel et vers son offrande » = *vers Abel à cause de son offrande.* —Une seule idée complexe : le sémite répète la préposition parce qu'il en perçoit la double valeur ; il ira jusqu'à dire : « entre moi et entre toi » comme si la relation participait à la dualité de ses termes.

Ici Iahvé regarde avec complaisance (§ 30) à la fois la personne et la chose : le verbe est virtuellement répété. Cf. § 72.

126. — *Gen.*, VII, 23 : « D'Adam à béhémah » = *bêtes et gens.* — Pas d'êtres intermédiaires entre la première catégorie et la dernière. Bourget écrit de même : « Depuis les élèves jusqu'aux maîtres » (remarquer l'esprit démocratique qui a déteint sur la langue française).

127. — « De Dan à Bersabée » = *toute la Palestine.* — Là il faut voir non seulement les villes situées sur la route Nord-Sud mais toutes les villes comprises entre la frontière Nord et le désert Sud.

128. — *Ps. 103*, v. 20 : « Que tu places ténèbres (*sic*) et que soit nuit, en lui circule la totalité de la bête de forêt » : *dès que la nuit tombe*, les fauves des forêts se mettent en mouvement. — Ne pas traduire : si tu ramènes l'obscurité, la nuit revient. Vérité de La Palice, à laquelle l'auteur ne pense nullement. Cf. *Ps. 104*, v. 28 et *Gen.*, XV, 17 (*Biblica*, 1930, 83).

5° Type : « le roi de Gloire »

a) *Valeur normale de ce schème*

129. — « Le cantique des cantiques » = *le Cantique.* — Celui de tous qui mérite vraiment ce qualificatif. « Le Saint des Saints » : le lieu le plus saint de toute la terre, symbole

du lieu le plus saint de l'univers (*Ex.*, XXVI, 33). En vieux
persan, on trouve cette formule : « Darius, le grand roi, le
roi des rois, fils d'Hystape. »

130. — « Le roi de gloire » = *le roi glorieux*. — Indigence
du lexique sémite, qui compte peu d'adjectifs, mais aussi
grand sens du concret. Le roi est vêtu d'un costume splendide qui symbolise son incomparable richesse d'âme et son
rayonnement intense sur ses sujets et sur ses ennemis.
Leconte de Lisle écrira :

> Ton cœur lumineux, vers l'eau noire
> S'incline, revêtu d'une robe de gloire.

131. — IV *Reg.*, XI, 6 : « La maison du roi » = *le palais
royal*. — Il s'agit du palais de la reine Athalie.

132. — *Rom.*, III, 21-26 : « La justice de Dieu » = *notre
justice divine*. — Il s'agit de notre sainteté (v. 22) en tant
qu'elle ne nous est venue que de Dieu ; nous ne pouvions ni
nous la donner, ni même la mériter ; c'est un don tout gra-
tuit et le sang de Jésus qui nous la mérita fut lui-même un
don que Dieu fit au monde (v. 25). Il ne s'agit donc ni de la
justice incréée, ni de notre religion seule ; le péché avait
introduit en nous une carence ; grâce à Dieu et à son Christ,
elle cessa, dès lors que nous n'avons pas refusé le don de la
foi au mystère du Christ, rédempteur et vivificateur : le
chrétien participe réellement à la perfection morale de Dieu
et du Christ.

133. — « Homme de Dieu ». — « A l'époque ancienne,
« l'homme de Dieu » est un synonyme honorifique de « prophète » ; à l'époque tardive, il s'emploie en parlant de Moïse
et de David, sans viser spécialement leur qualité de prophète » (P. Joüon, *Biblica*). Timothée est un « homme de
Dieu », c'est-à-dire ministre de Dieu auprès des âmes ; aujour-
d'hui l'expression est synonyme de « saint homme ».

134. — « Montagne de Dieu » = *très grande montagne*. —
Cette exégèse n'est pas certaine. L'idée serait que cette élévation mérite son nom de « montagne » même aux yeux de

Dieu. Nemrod était « vaillant chasseur devant Iahvé »
(*Gen.*, X, 9).

135. — *Apoc.*, XIII, 18 : « C'est un chiffre d'homme : son
chiffre est 666 » = *c'est un chiffre correspondant à un homme.*
— L'addition de la valeur numérique des lettres de son nom
sert à le désigner ; ce procédé s'appelle la gématrie ou l'iso-
pséphie. Pour 666, Paul MAURY propose *Kaisar N. Theos*
(César nouveau Dieu), sans exclure d'autres personnages.
« C'est que, dit-il, le même chiffre contient plusieurs noms
en fait synonymes dans la pensée de saint Jean et des fidèles
auxquels il adressait son terrible message : il évoquait à leur
esprit les dieux romains, la royauté latine, la divinité impé-
riale des Césars présents, passés et futurs, tous les génies du
paganisme qu'elle coalisait contre l'évangile, tous les faux
sauveurs qui barraient la route au vrai (*Lettres d'Humanité*,
1944, 142). »

REM. — Le chiffre de Jésus (*Iésous* en grec) était 888
(trois fois le symbole de la surabondance : 7 + 1) : les chrétiens d'Asie pouvaient saisir le contraste.

136. — *Gen.*, VII, 3 : « l'oiseau des cieux » = *l'oiseau.* —
En accadien on disait même : « l'oiseau des cieux ailés (au
pluriel parce que ce mot détermine un collectif ; cf. § 99)».
L'oiseau a pour caractéristiques de voler et d'évoluer dans
l'azur.

137. — *Gen.*, I, 14 : « Le firmament des cieux » = *le firmament qui n'est autre que le ciel.* — Comme en latin « Urbs
Romae » l'hébreu connaît le génitif appositif ou épexégétique.
Le grec biblique ne l'ignore pas ; ainsi dans *Sap.*, III, 15, nous
trouvons : « Le fruit des bonnes œuvres (est très) glorieux, et
la racine de la prudence (est) impérissable » = *et la racine
(de ces bonnes œuvres) je veux dire la prudence.* Cf. *Dan.*, II, 41.

138. — *Ps. 2*, v.6 : « La montagne de sainteté de Moi » = *ma
sainte montagne.* — Et non pas : la montagne de ma sainteté.
Contre-sens que l'on est souvent exposé à commettre parce
qu'on ne s'aperçoit pas que le suffixe « de moi » détermine
toute l'expression.

139. — *Ps. 42*, v. 4 : « Joie d'allégresse de moi » = *ma joie intense*. — Application des deux règles précédentes : génitif d'apposition d'un synonyme intensif et suffixe se rapportant au tout.

140. — *Abdias*, 10 : « La violence de ton frère » = *la violence exercée contre lui*. — « Ton frère » n'est pas sujet mais objet de l'action dont on parle. La Bible utilise le génitif objectif là où nos langues l'évitent soigneusement. « Le châtiment de notre paix » est l'expiation qui rétablit notre paix avec Dieu, et c'est le Messie qui daigne s'en charger (*Is.*, LIII, 5) ; « le serment de Iahvé » d'*Ex.*, XXII, 11, est celui où Iahvé est pris à témoin.

141. — *Ps. 115*, v. 16 : « fils de servante de toi » = *ton serviteur-né* (Joüon, *Biblica*, 1942, 192).

142. — III *Reg.*, I, 52 : « Fils de vaillance » = *un homme vaillant = un héros*. — La filiation métaphorique s'applique à toute sorte de relation. En accadien un *élève* scribe était « fils d'un tel scribe » ; dans la Bible, un « fils d'orfèvre » est un membre de la corporation, *un orfèvre*. De même, « un fils d'assassin » (IV *Reg.*, VI, 32) est *un assassin* qui n'est pas nécessairement fils d'un assassin ; un « fils de Bélial » est un *démon* ou un *homme très méchant*, tout comme un « témoin de Bélial » est un témoin *diabolique* cf. P. Joüon, *Biblica*, 1924, 178) et Jésus dira aux pharisiens qu'ils sont « fils du Diable » (*Io.*, VIII, 44) ; un coteau fertile est « fils de graisse » (*Is.*, V, I) ; un agneau de moins d'un an est « fils de son année » (= *de l'année où il est né*) ; un agneau âgé d'un an est « fils d'an » (= *d'une année révolue*) ; au moment du Déluge, Noé était « fils de 600 ans » (*Gen.*, VII, 6) ; Saül, jugeant que David mérite la mort, dit qu'il est « fils de mort » (*I Sam.*, XX, 31) ; les « fils du Royaume (de Dieu) » sont les Israélites d'abord (*Mt.*, VIII, 12), les Chrétiens ensuite (*Mt.*, XIII, 38). Voir aussi § 91.

Rem. I. — En géographie humaine la fondation d'une ville ou l'établissement d'une colonie sont souvent exprimées en terme de filiation. « Le pays de Canaan » était primitivement *le pays du nommé Canaan* ; la fille de Sion, *la fille du nommé Sion*. Ce nom s'est attaché successivement à la citadelle jébuséenne, à la cité davidique située entre le Cédron et le Tyropéon, à toute la Jérusalem judéenne, à la colline du Cénacle, à toute l'Église chrétienne.

Les agglomérations qui dépendent d'une ville sont « ses filles ».

Rem. II. — « La vierge de (Sion), la fille de Sion », c'est une seule personne morale : Jérusalem (*Is.*, XXXVII, 22). « La fille de mon Peuple », c'est elle encore, avec une nuance de prédilection ; nous dirions : *la fille aimée* de mon Peuple, ou plutôt : *ma fille aimée* parmi toutes les villes de mon Peuple.

Rem. III. — Par elle-même l'expression « le fils de l'homme » désigne l'homme en général (*Ps. 8*, v. 5) ou tel homme en particulier (*Ezech.*, II, 1, 3, 6, 8, etc.). Le Fils de l'homme de *Daniel* VII, 13, est un symbole qui « représente le chef du royaume de Dieu » (P. Lagrange, *Le Judaïsme avant Jésus-Christ*) ; ses prérogatives le placent au niveau de Dieu sans le dépouiller d'un rôle terrestre dans ce royaume qui n'aura de limite ni dans l'espace ni dans le temps. Jésus se désignait volontiers par la formule « le fils de l'homme » au sens de : *moi qui vous parle, l'homme que je suis, l'homme que vous avez devant vous* ; en certaines circonstances, notamment au jour de sa mort, il s'attribuait nettement le rôle du « Fils de l'homme » de *Daniel*.

143. — On trouve des formules semblables avec d'autres mots : « homme de... » ; « femme de ... » ; « baal de ... » ; « ange de ... ».

Un « homme de paroles » est *un homme éloquent* (*Ex.*, IV, 10), mais « un homme de lèvres » n'est qu'*un bavard* (*Job.*, XI, 2). — Un « baal de néphesh » ou maître de gorge (un des sens possibles du mot « nephesh ») est *un avaleur, un glouton* (*Prov.*, XXIII, 2). — Un « baal d'alliance » est *un allié* (*Gen.*, XIV, 13).

144. — « L'ange de Iahvé » est son messager normal. Dans certains textes anciens où Iahvé lui-même se manifestait

d'une façon sensible, on a ajouté après coup la mention de
cet ange : cette glose est très correcte, elle s'appuie sur une
tradition très ferme et contient une précision théologique
irrécusable (cf. *RB.*, 1903, 212).

145. — *Mal.*, III, 1 : « L'Ange de l'Alliance » est Iahvé en
personne en tant qu'il a donné la Loi en apparition d'ange.
Un ange ordinaire lui préparera la voie, tandis que lui viendra en personne dans son temple. La prophétie s'est réalisée
quand Jésus vint au Temple de Jérusalem.

146. — Cette formulation admet les noms abstraits.

147. — *Job.*, XXX, 8 : « Absence de nom » = *un homme
sans renom.* — Un « néant de force » est *un homme sans force.*
Un « beliy-ya'al » (littéralement : absence de valeur) est un
être sans valeur morale, un démon, ou un homme très méchant
(§ 142 et 24).

REM. I. — Un « non force » est un homme *sans* force ; un
« non sagesse », un homme *sans* sagesse (voir § 16.)

REM. II. — Un « non homme » est bien un homme mais
qui n'a plus force humaine, une loque pantelante (§ 16).

148. — *Act.*, IX, 15 : « L'instrument d'élection » ou instrument de choix, est un instrument *choisi.* — Le génitif de
qualité prend ici valeur d'adjectif. — Dans *Rom.*, VII, 24 :
« le corps de la mort » est le corps *mortel* (cf. VI, 12).

149. — La construction admet encore des adverbes et
d'autres locutions qui nous déroutent un peu :

III *Reg.*, II, 31 : « Sangs de gratis » = *sang versé gratuitement*,
sang versé sans motif suffisant (comparaison avec une somme
d'argent versée, bien que l'on n'ait aucune dette à régler). Voir
§ 82.

Is., IX, 3 : « Une joie d'en la moisson » = une joie de *fête
de moisson.*

Ezech., XIII, 2 : « Nabis de hors leur cœur » = *prophètes
qui ne parlent que d'après leur manière de voir les choses* (et
non d'après une inspiration ni même une révélation divine).

Ezech., X, 3 : « de droite de à la Maison (de Dieu) » = *au
sud du Temple.* (Sur la préposition « à », voir § 158.)

b) *Locutions formées avec des noms de parties du corps*

150. — Toutes les langues usent de ce procédé ; « on the other hand » est aussi légitime que notre «en tête de ». L'on trouve dans la Bible « à la face de..., dans les yeux de..., dans les oreilles de..., par la bouche de..., par la lèvre de..., par la main (= *par l'entremise de*) ».

Quand Dieu agit « par la main de Moïse », Moïse lui sert de main. — *Je n'ai rien à redouter* si je suis « dans la main de Dieu » (*Sap.*, III, 1) ou dans celle de Jésus (*Io.*, X, 28). Par contre *je m'expose à un danger de mort*, si je « pose mon âme en ma paume » (*Jud.*, XII, 3 ; *I Sam.*, XIX, 5 ; XXVIII, 21 ; selon *Biblica*, 1922, 70, *Job.*, XIII, 14 signifie : *je fais bon marché de ma vie ! Ps. 118*, V, 109 : *ma vie est en perpétuel danger*.

Enseveli, Jésus se trouve «dans le cœur de la terre » comme Jonas se trouva «dans le cœur de la mer ». — *Gen.*, VII, 13 : « dans l'os de ce jour » = *au cours même de ce jour* (vers midi probablement). — Je crois qu il faut souvent donner aux formules «dans le milieu, par le milieu, le long du milieu, etc. » un sens encore anthropomorphique.

c) *Quelques expressions techniques construites sur ce modèle*

151. — *Mt.*, XXVIII, 1 : «Tard des sabbats » = *après le sabbat*. — L'original araméen devait porter : « l'arrière des sabbats » suivant l'idée que l'avenir se trouve derrière le présent (§ 41) ; le mot grec fait image aussi, il localise le dimanche « par derrière » le samedi ; un classique aurait écrit « méta ta sabbata ». La traduction « vespere sabbati » donne au mot « opsé » son sens le plus fréquent, mais elle n'a pas compris l'expression, bien que saint Matthieu ait ajouté immédiatement « à l'*aurore, au premier (jour) des sabbats* ». Et si «.les sabbats » veulent dire : *les jours de la semaine*, la pensée serait encore plus cohérente : *après la semaine, à l'aurore du premier (jour) de la semaine (suivante)*.

152. — *Lc.*, V, 17 : «En l'un des jours » = *un dimanche* (?) ou un *jour de néoménie*, ou un *jour de l'an* (soit le 1er nisan, soit le 1er tishri). — Il me paraît difficile que saint Luc ait voulu dire : un *jour quelconque*. Si l'on songe que souvent « les jours » signifient *l'année* et que le numéral « un » remplace l'ordinal « premier », on comprendra : *le premier (jour) des* (365) *jours*. Simple hypothèse, infirmée par VIII, 22 et XX, 1.

153. — « La fin des jours » = *les temps du Messie* (acception fréquente). — Expression du lexique prophétique et qui vise un avenir humain préétabli par Dieu mais qui reste voilé dans son commencement, sa durée et ce qui lui succédera.

154. — *Io.*, XII, 1 : « Avant (les) six jours de la Pâque » = avant les six jours de préparation à cette fête = *six jours avant la fête de la Pâque.*

Cette fête devant se célébrer cette année-là le samedi (8 avril) les six jours antérieurs iront du dimanche des Rameaux au Vendredi Saint compris, on est donc au soir du samedi précédent.

155. — Le « circuit (achevé) de l'année » c'est *la fin de l'année* »; le « retour (apparent) de l'année » c'est *le commencement de l'année (suivante).* — Le cycle des saisons donne à la suite des années une apparence de récurrence que le langage sanctionne (voir *Biblica*).

Rem. I. — « Comme ce temps-ci » = *dans un an à pareille date.* (*Gen.* XVIII, 14)

Rem. II. — « En l'année la seconde » = *l'année suivante.* — Ici le point de vue étant historique se fait plus objectif. (*Gen.* XLVII, 18).

156. — « Le jour de Iahvé » c'est le jour connu de Dieu seul (*Mt.*, XXIV, 36) et qu'il s'est fixé pour intervenir solennellement en faveur des justes. La *Sagesse* (III, 18) l'appelle le « jour du discernement » (songeons à la parabole du filet et à celle de l'ivraie).

A rapprocher du mot « alors » (§ 27).

Rem. I. — Parmi les « Visites » de Dieu ou interventions divines s'adressant le plus souvent à une collectivité pour la

sauver ou la châtier, il en sera une qui concernera à la fois
« la milice du ciel » et les « rois de la terre » (*Is.*, XXIV, 21),
donc toute personne responsable de l'univers, ce sera le
Jugement général qui mettra le point final à l'histoire. Cf.
Sap., III, 7.

REM. II. — La « Parousie » du Christ est identique à cette
« Visite » du Souverain de toute chose.

157. — *Sap.*, III, 5 : « Être digne de Dieu » = *être digne de
vivre auprès de lui, dans son intimité* (Opposer I, 16). — Cf.
Heb., XI, 38 ; *Mt.*, X, 37 s., etc.

6º TYPE : « FILS A JESSÉ »

158. — *I Sam.*, XVI, 18 : « Fils à Jessé » = *un fils d'
Jessé.* — « Fils de Jessé » voudrait dire : *le fils de Jessé* (son
fils unique, ou celui des fils dont on aurait déjà parlé. Les habitants de Nazareth disaient de Jésus : « Celui-ci n'est-il pas
le charpentier, le fils de Marie et frère de Jacques et de José,
et de Juda et de Simon ? et ses sœurs ne sont-elles pas ici
chez nous » (*Mc.*, VI, 3). Cf. § 64.

REM. — « Psaume à David » = un psaume à David = *un
psaume de David.* — « *Cantique des Cantiques* (§ 129) qui à
Salomon » = *de Salomon.* — « Portion du champ à Booz »
= (le champ) qui *était un bien de Booz* (et non pas : la parcelle
du champ de Booz). Cf. § 98.

159. — III *Reg.*, X, 22 : « Une à trois ans » = *une fois tous
les trois ans* (§ 105). Cf. « mille à la tribu » (§ 112).

B. **Deux verbes.**

1er TYPE : « LÈVE-TOI, TRAVERSE CE JOURDAIN »

160. — Comprenons : *le moment est venu pour toi de franchir
ce fleuve.* — Presque toujours le narrateur mentionne la
première phase d'une action pour en indiquer la mise en
train ; parfois on énonce un événement préliminaire. —

Mt., V, 2 : « Ouvrant sa (§ 266) bouche, il les enseignait disant » ; — *Io.*, VI, 5 : « Levant donc les yeux Jésus et voyant qu'une nombreuse foule vient à lui, il dit à Philippe ». — *Mc.*, XII, 7 : « (Venez) ici, tuons-le » = *allons-y, tuons-le !* — *Mc.*, XV, 36 : « Laissez, voyons si Élie va venir ? »

161. — « Il s'adressa à ... et dit ». — Le sens primitif devait être : « tournant le visage vers un tel, il dit » ; le sens ordinaire est simplement : *alors il dit à un tel.*

REM. I. — Expression différente de « il ouvrit la bouche » au sens de : *il prit la parole* (§ 160).

REM. II. — Dans les évangiles le cliché « il répondit et dit » est emprunté à la collection des Septante. Cf. « et il arriva ».

162. — Parfois on ne mentionne que la phase initiale. Ainsi « ouvrir la bouche contre » quelqu'un, c'est *s'apprêter à le dévorer*. Esquisse d'allégorie : l'ennemi est comparé au lion qui va déchirer sa proie.

REM. — Ne pas confondre avec l'expression « faire grande sa bouche » du § 165.

2ᵉ TYPE : « TU AS BIEN FAIT A VOIR »

163. — Ici le premier verbe a valeur d'adverbe, et le sens est *tu as bien vu* (*Jer.*, I, 12). — Au lieu d'un éloge moral il y a une caractérisation admirative de l'action physique et l'éloge n'en est que plus délicat. C'est, je crois, le sens de *Mc.*, VII, 37 : « Bellement tout il a fait et les sourds il fait entendre et muets parler » : les sourds qu'il guérit entendent *très distinctement*, et les muets auxquels il rend la parole articulent les mots *à la perfection*. Réflexion populaire. — *Sap.*, IV, 7 : « Le juste, même s'il devance mourir, sera dans (le) repos = même s'il meurt *prématurément*, il entre dans le repos » (que Dieu lui réservait, § 24).

164. — *Gen.*, XXV, I : « Et ajouta Abraham et il prit femme » = *Abraham recommença à prendre femme, il contracta un nouveau mariage*. Le verbe « ajouter » employé adverbialement peut signifier deux choses : *a*) un recommencement, ou *b*) la continuation d'une entreprise :

a) Un recommencement. Ex. : *I Sam.*, III, 6, 8 ; *Ps. 40*, v. 9 ; *Is.*, XXIV, 20.

b) Une poursuite. Ex. : *Isaïe*, VII, 10 ; VIII, 5 ; LI, 22 ; *Lc.*, XIX, 11.

165. — « Faire grande sa bouche » (sous-entendu « et parler ») = *prononcer des paroles insolentes* (Cf. *Biblica*, 1925, 50). (*Ps.* 34, v. 21).

166. — Avec le verbe « revenir ». — « Et revint Isaac et il creusa » = *il recreusa le puits obstrué* (*Gen.*, XXVI, 18).

Rem. — Il n'y a pas plus de retour que lorsque nous disons : « Revenons à nos moutons. »

167. — Rarement c'est le second verbe qui modifie le premier. — *Jer.*, IV, 5 : « Criez, remplissez » = *criez de toutes vos forces.*

3ᵉ TYPE : « TU SERAS PÊCHANT DES HOMMES »

168. — On traduit ordinairement : tu seras pêcheur d'hommes ; ce n'est pas assez dire. La conjugaison périphrastique a été créée pour exprimer le mouvant, comme dirait Bergson. L'araméen en fait un grand usage. En anglais, la différence est grande entre « I go » et « I am going ». « A partir de maintenant » l'occupation continuelle de Simon consistera à capter des hommes et des hommes dans l'immense filet que Dieu lui confie. — *Mc.*, X, 32 : « Ils étaient sur la route montant à Jérusalem et Jésus était précédant eux ». Saint Marc filme le groupe qui avance apeuré à la suite de Jésus, dont le pas décidé marque l'héroïsme.

Rem. — Parfois cette construction n'a pas de sens spécial ; ainsi dans *Mc.*, XIII, 25 « les astres seront tombant » semble signifier simplement qu'ils tomberont ou s'éteindront, à moins que le Sauveur ait voulu décrire cette scène grandiose.

4ᵉ TYPE : « ALLER ET REVENIR »

169. — *Gen.*, VIII, 3 : « Et revinrent les eaux aller et revenir » = *et l'eau se retira progressivement.* — L'infinitif

« aller » sert à exprimer la continuité de l'action exprimée par le verbe « revenir ».

Rem. I. — Sur la valeur de « revinrent, revenir », voir § 177.

Rem. II. — Pour rendre notre idée *d'aller et venir*, l'hébreu emploie la forme réfléchie du verbe « aller » qui sert aussi à signifier : *aller çà et là, se promener, circuler, parcourir, faire des actions variées, agir, se conduire, vivre d'une certaine manière* (voir *Biblica*). — Le roi « va et vient devant » son armée ou son peuple : *il marche à sa tête* ; le prêtre « va et vient » devant Dieu, ou « devant l'O nt de Dieu (I *Sam.*, II, 35) : *il vit à son s rvice, il vit familièrement avec lui.*

Rem. III. — *Gen.*, VIII, 7 : « Il sortit sortir et revenir » = *il sortit, c'est entendu* (§ 176) *mais pour rentrer aussitôt.* — Noé voulait que le corbeau explorât les environs, l'oiseau voltigea un instant et rentra sans tarder (sans que Noé ait besoin de l'aider) ; donc inutile de compter sur le corbeau « jusqu'à ce que » le sol soit sec, et à plus forte raison quand on sera sorti de l'arche (§ 61). Si notre exégèse est exacte « il sortit sortir » est à prendre comme une concession (§ 176) et c'est « revenir » qui modifie « sortir » (cf. § 166), on voit assez que Moïse ne pouvait pas écrire « il sortit revenir et sortir » ce qui eût signifié : *il ressortit* ; le sens est donc : *il fit une fausse sortie.*

5e type : « Mourir tu mourras »

170. — Ce schème exprime évidemment une insistance, mais elle porte moins sur l'action ou l'état en question que sur le caractère qu'on lui reconnaît (certitude [§ 171], incertitude [§ 172], possibilité [§ 173], etc.).

171. — *Gen.*, II, 17 : « Mourir, tu mourras » = *tu mourras certainement = dis-toi bien que je te laisserai mourir.* — Ici l'insistance porte sur l'affirmation.

172. — *Gen.*, XXXVII, 8 : « Est-ce que régner tu régneras sur nous ? » = *Y a-t-il une probabilité même lointaine qu'un jour tu sois notre roi ?* — L'insistance porte sur le caractère douteux d'une pareille éventualité. — *Num.*, XII, 14 : « Et son père cracher crachera en sa face » = *et si son père allait jusqu'à lui cracher au visage, si tant est qu'on puisse faire une pareille supposition.*

173. — *Gen.*, II, 16 : « De tout arbre du jardin manger, tu mangeras » = *tu peux sans le moindre scrupule en manger.* — Renforcement de la nuance *pouvoir* (§ 335).

174. — *Gen.*, XV, 13 : « Iahvé dit à Abraham : Savoir, tu sauras, etc. » = sache, *il le faut absolument,* que si (§ 220) ta postérité connaîtra l'esclavage je lui rendrai la liberté. — Nuance *devoir* (§ 336).

175. — II *Sam.*, XVII, 16 : « Ne passe pas la nuit dans les passages du désert, et aussi traverser tu traverseras » = *mais traverse (le fleuve).* — Opposition soulignée avec fermeté et c'est tout.

176. — *Ps. 117,* v. 18 : « Châtier me châtia Ia, et à la mort ne me donna pas » = *oui, je le concède, Ia m'a châtié,* mais il ne m'a pas livré à la mort. — Concession pure et simple du fait, sans réticence comme sans emphase. Voir § 169, REM. III. et § 320.

6ᵉ TYPE : « ENTENDEZ, ENTENDRE »

177. — Ce dispositif est beaucoup moins fréquent ; les nuances rappellent celles que nous venons de signaler.

7ᵉ TYPE : « ILS ALLÈRENT ALLER ET MUGIR »

178. — Manière d'indiquer la simultanéité des deux actions. Voir § 169, REM. III.

C. Un verbe et un nom.

1ᵉʳ TYPE : « IL CRIA UN CRI »

179. — Pour exprimer une action, il est naturel d'employer la même racine dans le verbe et le complément.

180. — Ce schéma étymologique s'emploie normalement quand l'objet n'est pas affecté mais effectué par l'action. Ainsi une plante « semençant semence » *est celle qui donne des graines*. Dieu prescrit à la terre d' « herbiller de l'herbe » (= *de produire de l'herbe*) et à la mer de «reptiller du reptile » (= *de produire des reptiles*), *Gen.*, I, 11 et 20.

181. — *Gen.*, XXVII, 34 : « Il cria un cri grand et amer jusqu'à beaucoup » = *il poussa un cri extrêmement fort et douloureux*. — Les adjectifs indiquent la manière dont le cri fut émis. Cf. *Jer.*, XIV, 17.

Rem. I. — Ici « jusqu'à beaucoup » indique peut-être un crescendo : *de plus en plus* (*fort*).

Rem. II. — Dans « ils se réjouirent (d') une grande joie beaucoup » (*Mt.*, II, 10) le nom est à l'accusatif interne : *ils éprouvèrent une très grande joie* ; il est au datif de relation ou de durée dans *Lc.*, XXII, 15 : *toute ma vie j'ai désiré manger avec vous cette pâque avant de souffrir*.

182. — *Mt.*, XXVII, 50 : « Et Jésus de nouveau criant à voix grande laissa l'esprit » = *expira en poussant un grand cri*. — Parfois la racine du verbe est seulement voisine de celle du nom.

2ᵉ type : « Trouver grace »

183. — *Gen.*, VI, 8 : « Et Noé trouva grâce aux yeux de Iahvé » = *mérita d'être sauvé, lui, sa famille et toute sa postérité*. — Ces conséquences sont implicitement indiquées. C'est ainsi que la Vierge nous sauva d'un cataclysme pire que le Déluge (*Lc.*, I, 30).

Rem. — Le temps employé indique ici plutôt la fin de l'action: *finit par trouver grâce*, on dirait de l'aboutissement de toute une vie (cf. § 349).

184. — « Cacher sa face » = *la dérober à la vue*. — Le sens n'est pas *se voiler le visage*, ni *détourner la tête*, mais bien : *se soustraire à la vue de quelqu'un* ; pour ce faire, il suffit de se mettre à distance (Cf. Joüon, *Biblica*, 1925, 417). Racine, dans *Esther*, écrira :

Quel climat, quel désert a donc pu te cacher ?

Rem. I. — Nous ne donnons que le sens le plus fréquent.

Rem. II. — On se voilait le visage pour maudire ; et c'est peut-être ce geste symbolique qui est indiqué dans l'oracle de Balaam (*Num.*, XXIV, 15).

185. — *Num.*, XXII, 5 : voici un peuple sorti d'Égypte et voici, « il couvre l'œil du pays » = *il couvre la surface* du pays. — Expression très primitive, et très expressive, appelée à disparaître à cause de l'ambiguïté du groupe « œil du pays » qui suggérait l'image d'une source. On se représentait la paupière couvrant le globe de l'œil. La formule s'appliquait à une invasion de sauterelles (*Ex.*, X, 5 et 15) ou de barbares (ici).

186. — « Remplir main » = *consacrer* quelqu'un, *lui conférer un pouvoir sacré.* — Primitivement on précisait l'objet qui symbolisait le pouvoir conféré (Voir Joüon, *Biblica*, 1922, 64).

Rem. — Le mot « remplissage » signifie : *consécration, investiture, collation d'un pouvoir sacré.*

187. — *I Cor.*, XI, 26 : « Chaque fois que vous buvez le calice » = *le vin consacré* qu'il contient, *le sang du Christ.* — Métonymie religieuse : le respect se trahit par une discrétion que les correspondants appréciaient.

188. — *Ps. 88*, 49 : « voir la mort » = *éprouver la mort.* — Cf. *Ps. 15*, v. 10 ; *33*, v. 13 ; *Lc.*, II, 26. — On disait aussi « goûter la mort ».

3e TYPE : « LE DRESSER LE TABERNACLE »

189. — *Num.*, IX, 15 : au jour du « dresser » le tabernacle : jour où *il dressa* le tabernacle.

190. — *Is.*, X, 15 : « Comme brandir un bâton celui qui le lève » = *comme si un bâton brandissait celui qui le lève.* — L'infinitif sémitique prend souvent valeur de mode personnel et se construit alors comme un indicatif : il se place avant son sujet et son complément.

Rem. I. — Le « comme manger paille langue de feu » d'Isaïe (V, 24) ne fait exception qu'en apparence, car «manger paille » est une exprsssion indécomposable ; traduisons donc : *comme une flamme consume un brin de paille.*

Rem. II. — Pour « mon alliance Jacob », voir § 196.

D. **Un verbe et une préposition.**

191. — « Passer devant » = *marcher à la tête d'un groupe*, ou *prendre les devants.* — Dans ce dernier cas, la personne laissée en arrière peut être immobile (voir *Ex.*, XVII, 5 et *Io.*, I, 30).

192. — *Zach.*, XII, 10 : ils « regarderont vers » moi qu'ils ont transpercé : ils *espèreront* en moi qu'ils auront transpercé. — Revirement d'attitude à l'égard du grand représentant de la maison de David.

193. — « Voir dans », c'est *voir avec plaisir* ou *avec douleur,* Cf. *Gen.*, XXI, 16 ; XXXIV, 1.

194. — *Jud.*, XIX, 3 : « Il parla sur son cœur » = il lui adressa *des paroles caressantes* ; le sens primitif était : *il lui parla en se penchant d'un geste caressant sur sa poitrine* pour le consoler, l'encourager ou l'apaiser (cf. *Biblica*, 1924, 51). Cf. *Io.*, XIII, 25 et XXI, 20.

E. **Un verbe et une conjonction.**

195. — *Gen.*, XLII, 4 : car il dit de peur qu'un malheur ne lui arrive = car Jacob *craignit qu'*un malheur n'arrivât à Benjamin. — La crainte est très intellectualisée, Jacob pense à un danger qui menace son fils ; si Jacob avait été menacé personnellement, le narrateur aurait employé le verbe « craindre ». Cf. *Biblica*, 1921, 340.

Rem. — La différence est celle qui existe en français entre : « j'ai peur que les avions bombardent telle ville » et « j'ai peur des avions quand ils se séparent ».

F. **Autres cas.**

196. — *Lev.*, XXVI, 42 : « Et je me rappellerai mon alliance Jacob » = *l'alliance que j'ai conclue avec Jacob.* —

Le mot « alliance » garde sa signification verbale primitive, ce qui lui permet d'avoir un complément direct = « mon m'allier Jacob (cf. § 189). Cf. *Is.*, LIX, 21 ; *Jer.*, XXXIII, 20.

197. — *Gen.*, XLIV, 17 : « Profanation à moi de faire ceci » = *loin de moi pareille action.*

198. — *Ex.*, IX, 27 : « Iahvé le juste » = *c'est Iahvé qui est le (seul vrai) juste.* — Proposition non verbale où le prédicat précède le sujet.

Rem. I. — *Gen.*, XLV, 12 : « Ma bouche le parlant » = *c'est moi* (§ 77) *qui parle.*

Rem. II. — *Prov.*, XXI, 9 : « Bon à rester » = *il vaut mieux* (§ 356) *rester.* — Analogie avec la formulation « agréable à considérer » (*Gen.*, III, 6).

199. — II *Sam.* VII, 28 : « Toi, lui l'Élohim » = *c'est toi le (seul) Dieu.* — Le premier mot est en position absolue ; l'idée qu'il exprime est reprise dans la proposition même sous forme de pronom personnel de la 3e personne ; « l'Élohim » est le sujet : *Toi ? eh bien, le seul vrai Dieu (est) celui que je viens de désigner.*

Deut., XXXII, 39 a le même sens : « Moi, moi lui (l'Élohim) et néant de Dieu à côté de moi. » On voit par cet exemple que « lui » en fonction de rappel se rapporte même à la 1re personne.

Isaïe, XLIII, 25 : « Moi moi, lui effaçant tes péchés » = *moi et moi seul je suis celui qui efface hic et nunc* (§ 62) *tes péchés.*

Rem. I. — On trouve ce passage d'une personne à l'autre dans le célèbre dialogue :

Don Diègue
Qui n'a pu l'obtenir ne le méritait pas.
Le Comte
« Ne le méritait pas » moi ?
Don Diègue
Vous.

Rem. II. — En accadien et en araméen le pronom « lui » revêt presque la valeur du verbe « être ».

CHAPITRE III

L'EXPRESSION DONT LES TERMES SONT ÉCRITS L'UN AU-DESSUS DE L'AUTRE

A. Généralités.

200. — Le discours oral, comme la mélodie, ne dispose que d'une seule dimension ; Théophile Gautier enviait le peintre, comme le peintre envie l'architecte.

Le discours écrit dispose de deux dimensions, mais la lecture se fait toujours horizontalement. Comment dès lors parler de termes superposés ?

Nous parlons ici par métaphore. Nous disons qu'une expression est contenue dans deux termes superposés lorsque la valeur de chacun d'eux n'est perçue que grâce à une lecture verticale.

Un exemple, tiré d'*Isaïe* (V, 28) :

> Dont « les flèches » (sont) aiguisées
> et tous « les arcs » tendus ;
> les sabots des chevaux comme le roc sont estimés,
> et les roues, comme l'ouragan.

Isaïe filme une charge : si « les arcs » sont tendus, c'est que « les flèches » *y sont déjà* ; si « les roues » des chars font penser aux tourbillons d'un ouragan, c'est que les chevaux *qui les traînent* galopent et font jaillir des étincelles avec leurs sabots durs comme du silex. Je vais plus loin : les flèches donnent au poète l'impression de dents (elles sont « dentantes », cf. § 62) et les arcs sont ouverts comme la gueule « du lion » (du verset suivant). — Le *Psaume 56* compare les dents à des flèches. — De plus Isaïe nous montre les archers debout sur ces chars, tel ce roi égyptien que nous voyons encore au grand temple de Thèbes. Isaïe est un peintre, on ne verrait pas ce qu'il écrit si l'on isolait, comme dans une revue de détail, ces roues, ces sabots, ces arcs et ces flèches.

201. — Dans l'exemple précédent, « flèches » se trouvant juste au-dessus du mot «arcs », la lecture de l'expression était absolument verticale. La plupart du temps le dispositif obligera une lecture inclinée suivant une pente de 45°.

Un exemple nous en est fourni par le *Psaume 96* (v. 11) :

> « Lumière » semée (par Dieu) au juste ;
> et aux droits de cœur, « joie »

La nature de cette lumière nous est révélée par le mot qui l'exprime à nouveau : c'est une joie ; l'auteur pense donc au *sourire* que la Bible appelle la « lumière » du visage et qui manifeste au dehors la joie «du cœur ». Le participe passif indique que cette lumière est produite par Dieu (§ 106) ; c'est un fruit du Saint Esprit, dira saint Paul. Elle est un reflet du sourire de Dieu (cf. *Ps. 88*, v. 16).

202. — Les expressions ainsi disposées ont la valeur qu'elles auraient si leurs éléments étaient juxtaposés.

Ainsi nous savons que « les cieux et la terre » expriment *tout l'univers* (§ 121), gardons-leur ce sens dans cette apostrophe grandiose qui ouvre le *Livre d'Isaie* :

> Entendez. « cieux, »
> et prête l'oreille, « terre ».

Puisque Dieu se plaint de ses enfants, l'univers entier doit s'intéresser au débat.

203. — En exploitant cette mine, ne pas perdre de vue la richesse qu'elle enferme.

Ainsi dans *Isaïe*, V, 13 :

> Et leur gloire (devint) troupe de famine,
> Et leur multitude sécha (de) soif.

Comprenons : *tous* (noblesse et gens du peuple) périront *d'inanition* (n'ayant rien à manger, rien à boire). Ce serait un

grave contre-sens que d'imaginer que les nobles auront à
boire et que les masses auront à manger.

Isaïe, X, 2 :

> A être (les) veuves leur butin,
> et (les) orphelins, ils pilleront.

Dans cette razzia, la veuve et *ses* enfants sont *tous* emmenés
comme esclaves. (Si l'on veut que le «pillage» porte non sur les
personnes, mais sur leurs biens, disons-nous bien qu'en ce cas
les veuves aussi seraient pillées ; voir sur ce point le § 207).

La Théologie trouvera dans cette méthode d'exégèse le
moyen de pénétrer certains textes qui, à première vue
semblent assez pauvres. Ainsi *Isaïe*, LXI, 10:

> Me réjouir, je me réjouirai (§ 170) en Iahvé,
>   tressaillera mon âme (§ 77) en mon Dieu,
> Car il m'a vêtu de vêtements de droiture (§ 137),
>   d'un manteau de justice, il me couvrit ;
> Comme le (§ 258) fiancé (qui) s'ornera de son diadème
>   et comme la fiancée (qui) se parera de ses joyaux.

Ravissante parabole. L'image est la joie qui remplit l'âme
d'un fiancé et de sa fiancée lors des derniers préparatifs avant
la cérémonie nuptiale : le fiancé porte déjà une belle tunique
et un splendide manteau (verbes au passé), la joie qu'il en
éprouve (verbes au futur) se lit sur son visage : il ne lui reste
plus (verbes au futur) qu'à ceindre son front d'un diadème.

Les mots « droiture » et « justice » orientent notre pensée
vers l'application de la parabole : celui qui parle se sent com-
blé de cadeaux spirituels en vue d'une vie nouvelle de
bonheur idéal. Saint Augustin voit la pleine réalisation de
cette prophétie dans l'histoire du Messie et de son Église.
Tout trahit la joie du Christ comme tout exprime celle de
l'Église, « et cependant, ajoute-t-il, il faut distinguer dans
ces paroles ce qui se rapporte à la tête (Jésus-Christ) et ce
qui concerne le corps (l'Église) » (*De doctrina christiana*, III,
c. 31). Il n'est pas douteux que pour Isaïe la mention de la
fiancée n'est pas un simple doublet de celle du fiancé : elle
achève le tableau et complète la doctrine.

Rem. — Le P. Lambert, s. j., vient de formuler cette règle dans *Vivre et penser*, 3e série, p. 98 : « Dans la plupart des langues anciennes et modernes, on exprime volontiers le concept de totalité par l'opposition de deux contraires. La force sémantique de ces expressions réside non pas tant dans la spécification des contraires que dans leur opposition. » Il donne des exemples bibliques :

Is., XLV, 7 : « Je fais la paix et je crée le malheur » : *je fais toutes choses.* — *Gen.*, XXIV, 50 : « Nous ne pouvons te dire ni mal ni bien » : nous ne pouvons *absolument rien* te dire. — *Ps. 38*, 3 : « Je me suis tu depuis les bonnes choses (jusqu'aux mauvaises) » : j'ai gardé un silence *complet.* — *Mc.*, III, 4 : « Est-il permis, le jour du sabbat, de faire le bien ou de faire le mal, de sauver une vie ou de l'ôter ? » : *ne peut-on absolument rien faire ? ne peut-on pas même faire le bien en sauvant une vie?* — *Gen.*, II, 9, 17 : « L'arbre de la science du bien et du mal » : l'arbre qui donne l'*omniscience* (privilège divin). — « Entrer sortir » exprime *toute* la conduite et signifie : *en toute circonstance,* ou : *toujours et partout.*

En *Mt.*, XVI, 19, le pouvoir est exprimé par l'image de clefs, la totalité de ce pouvoir est rendue par l'opposition « lier-délier ».

En *Mt.*, XVIII, 18, le sens est : dès là que vous agissez conformément aux principes de charité, d'union, de concorde qui viennent d'être rappelés, *tout* ce que vous ferez sur terre sera ratifié par Dieu dans le ciel.

En *Io.*, XX, 23, l'opposition « remettre-retenir » ne signifie pas autre chose que la *totalité* du pouvoir confié aux Apôtres pour la rémission des péchés.

Io., I, 51 est très caractéristique : « monter et descendre » signifie : se consacrer entièrement au service du Christ-Roi.

B. Lecture verticale.

204. — *Gen.*, XXXII, 11 : de la main de « mon frère », de la main « d'Esaü »' = *de la main de mon frère Esaü.*

La répétition correspond à notre « je veux dire ».

Rem. I. — On le voit, le principe de la superposition joue aussi en prose.

Rem. II. — On trouvera souvent en poésie ce dispositif en fourche.

205. — *Amos*, I, 2 :

> Iahvé — de Sion il rugira
>   et de Jérusalem il donnera sa voix.

Amos, II, 5 :

> Et je lancerai feu en Juda
> et il mangera palais de Jérusalem.

Dans le premier cas Jérusalem entoure sa citadelle ; dans le second, elle occupe le centre d'un royaume

206. — *Amos*, I, 12 :

> Et je lancerai feu en Théman
> et il mangera palais de Bosra.

L'idée complète est que Dieu lancera du feu qui consumera et les palais de Bosra et ceux de Théman (cf. § 160).

207. — *Gen.*, XLIX, 27 :

> Benjamin est un loup qui pille :
> le matin il dévore la proie,
> le soir il partage le butin.

Là aussi il faut synthétiser : « le matin, le soir » signifie : *en tout temps, avec assiduité* (P. Lagrange) ; tout au plus peut-on distinguer dans la présentation le loup qui dévore et pille les brebis (cf. 203) et l'homme qui partage le butin (application de la parabole). Voir *Eccl.*, XI, 6 ; *Ps. 54*, v. 18 et *91*, v. 3 ; *Prov*. III, 4.

208. — *Io.*, VI, 35 :

> Moi, je suis le pain de la vie :
> le venant à moi n'aura aucunement faim
> et le croyant en moi n'aura nullement soif, jamais.

Donc celui qui s'approche (§ 62) de Jésus et croit en lui (§ 18) n'éprouvera au spirituel ni faim ni soif, et cela toujours § 330).

209. — *Deut.*, XXXII, 39 : Voyez maintenant (= *donc*, § 287) que moi moi lui (§ 199) et néant d'Élohim à côté de moi : moi je ferai mourir et je ferai vivre, — j'ai blessé et moi je guérirai, — et personne de ma main arrachant ». — Dieu seul gouverne.

La mort et la blessure sont là uniquement pour faire valoir la résurrection et la guérison miraculeuse qui suivent et l'impossibilité de nuire vraiment à ceux que Dieu tient dans sa main toute-puissante. Ainsi un ennemi attribuera à son Dieu le fait d'avoir blessé tel Hébreu ou d'avoir tué tel autre : erreur, ce Dieu n'a rien fait et cet ennemi n'aurait rien pu faire si le vrai Dieu ne l'eût permis ; cf. *Io.*, XIX, 11. Ce texte montre qu'en Israël on croyait au moins à la possibilité de la résurrection. Cf. I *Sam.*, II, 6 ; *Sap.*, XVI, 13 ; *Tob.*, XIII, 2.

C. Le chiasme.

210. — Ce terme indique un dispositif qui évoque la forme de la lettre grecque *chi* (X)

A   B

B   A

Ce dispositif A.B.B.A. est plus fréquent que celui que nous venons d'examiner (A.B.A.B.). Il permet de déterminer la valeur des deux pronoms masculins de *Sap.*, II, 24 s. :

> Or par l'envie du diable la mort vint dans le monde
> et l'éprouvent ceux qui sont de son parti.

La mort corporelle n'est une catastrophe que pour les membres du parti du diable, car elle les fixe irrévocablement hors de l'immortalité qui appartient aux justes dès ici-bas (V, 15, etc.).

REM. — La poésie affectionne cette tournure, comme dans ces vers de Théophile Gautier (dans « Ténèbres ») :

> La Mort fait mieux dormir que son frère Morphée
> Et les pavots devraient jalouser les cyprès.

211. — Le chiasme n'est pas une expression, c'est un schème dans lequel nous trouvons souvent une ou deux expressions :

Isaïe, LIII, 5 *b* :

> Châtiment de paix de nous (A) — sur lui, (B)
> et en les blessures de lui (B) (ce) fut guéri à nous (A).

Le chiasme est nettement marqué par les mots

Il n'est pas moins net dans la pensée exprimée. Examinons-la.

Cas du serviteur de Iahvé. — Il reçoit des blessures comme un enfant qui recevrait une sévère « correction ».

Notre cas. — La paix est rétablie entre nous et Dieu (§ 140) et Dieu (§ 106) guérit toutes nos plaies. Ou plutôt il ne nous en inflige aucune ; ici, en effet, « guérir » équivaut à « cicatriser des plaies » dans le sens très biblique de : *ne faire aucune blessure* (cf. § 120).

On dirait d'un père de famille qui se trompe en punissant un fils parfaitement innocent du crime commis par ses frères : ceux-ci s'en tirent à bon compte puisque la paix est rétablie. Dans le cas du Christ, Dieu sait ce qu'il en est, et le Christ accepte de tout cœur ce rôle (§ 60). Rien de plus sublime, rien de plus touchant.

D. **Extension du procédé.**

212. — Rappelons-nous que les mots employés par un auteur quelconque ont une signification indépendante de ce que nous savons d'eux. Cette signification est celle que l'auteur lui donna. Évidemment cet auteur tenait compte des conventions de lexique, de grammaire, de syntaxe, de stylistique, mais il pouvait innover sur un point en s'arrangeant pour être compris quand même.

Je crois que c'est le cas pour cette phrase de saint Paul dans sa *Lettre aux Philippiens* (I, 21) :

> A moi en effet le vivre : Christ,
> et le mourir : gain.

Il introduit dans un schème en A.B.A.B. deux expressions :

1º Vivre et mourir ;
2º Gagner le Christ.

Et voulant montrer que pour le chrétien il y a équivalence entre les deux, il use hardiment du procédé bien connu :

> les nobles meurent de faim
> les masses meurent de soif.

et qui consiste à lier l'un à l'autre les éléments correspondants des expressions, pour faire entendre l'intime connexion du tout :

TOUS MEURENT d'inanition (§ 203).

Dans la phrase paulinienne, la pensée peut se résumer ainsi :

Gagner le Christ, il n'y a que cela pour moi.

Il faut cependant que chaque demi-phrase soit intelligible. Elle le sera grâce au sous-entendu suggéré par le schème adopté ; le lecteur attentif comprendra donc la pensée d'Isaïe :

> Les nobles meurent de faim (et de soif)
> les masses meurent de soif (et de faim),

et celle de saint Paul :

> Pour moi vivre c'est le Christ (gagné)
> et mourir, c'est (ce) gain (du Christ).

Dans la même épître (III, 8) il dira explicitement de quel
gain il se préoccupait : Je m'appliquai à tout perdre, à tout
balayer pour « gagner (le) Christ » et être trouvé en lui (par
Dieu) sans ma pseudo-justice, — celle qui me viendrait d'une
loi bien observée, — mais avec ma justice chrétienne, ma
justice divine, — celle où je n'ai à fournir qu'une foi agis-
sante (par laquelle je puis mourir de la mort du Christ et
ressusciter de sa résurrection).

Ce gain du Christ est donc une vraie « configuration » au
Christ mourant et menant ensuite une vie glorieuse immor-
talisée.

Rem. — La lecture des Septante avait préparé les Philippiens à comprendre cette manière de parler, qui n'est
d'ailleurs pas particulière à la Bible. Un oracle de la Déesse
Ishtar à Asarhaddon se présente ainsi :

> Je ferai à ta droite monter de la fumée,
> et à ta gauche du feu s'allumera.

Ce qui veut dire : *je te protégerai au milieu des villes enne-
mies incendiées*.

Sens analogue à celui du *Psaume* des complies du dimanche
(*90*, v. 7) :

> Il tombera de ton côté mille
> et myriade de ta droite.

C'est-à-dire : *dans le combat tes ennemis tomberont par
milliers, par myriades*, « vers toi (aucun) n'approchera ».
Le crescendo vigoureux (*mille d'abord, dix mille ensuite*) est
beaucoup plus dynamique que l'image suggérée par une lecture trop superficielle (*mille cadavres à ta gauche, dix mille à
ta droite*. Presque aussi inexplicable que d'avoir le feu à
gauche et la fumée à droite). Cf. § 206 et 234.

CHAPITRE IV

L'EXPRESSION DONT LES MOTS SONT ÉPARPILLÉS

213. — Nous distinguerons l'expression disloquée et l'expression disséminée.

L'expression simplement disloquée ne modifie en rien la signification des mots qui occupent l'intervalle.

L'expression disséminée (226) crée un champ magnétique entre deux pôles.

A. L'expression disloquée.

214. — *Gen.*, XLIV, 18 : « Comme toi, comme Pharaon » = *toi et lui c'est tout un.* — Explication. « Comme » est ici une préposition. Dites en français « devant toi, devant Pharaon » ou encore « chez moi, vous êtes chez vous » ou même « qui serait comme toi, serait comme Pharaon » et vous percevez la moitié du sens de notre expression.

Souvenez-vous maintenant que les prépositions sont des substantifs dégradés, et dites « similitude de toi, similitude de Pharaon » et vous avez compris. Le « kif-kif » argot qui vient de l'arabe présente ce sens de parfaite réciprocité. « Prendre la droite, prendre la gauche, c'est kif-kif. »

Applications. *Josué*, XIV, 11 : « Comme ma force d'alors, et comme ma force de maintenant » = ma force passée, ma force présente, *c'est tout un.*

Rem. I. — A vrai dire, ces deux corrélatifs ne constituent une expression qu'à nos yeux, car leur sens réel n'est nullement détourné. C'est nous qui le détournons (à tort) en comprenant : *tu es comme Pharaon,* ou *Pharaon est comme toi,* alors que le sens est plus dense. Foch disait : « Weygand et moi, deux têtes dans le même bonnet » ; en hébreu il eût dit : « Comme lui, comme moi. »

Rem. II. — A son Père, Jésus disait : « Mes biens sont tous à toi, et les tiens à moi » dans le sens de : *mes biens, tes biens, c'est exactement la même chose*. A sa Mère, il dit avec la douce ironie etonnée d'un refus qui va céder : « Quoi à toi et à moi, femme ? » ce que l'on peut paraphraser ainsi : *c'est cela, vous voilà mon égale à présent ; ce que je suis, vous l'êtes ; les biens dont je dispose, c'est vous qui en disposez ; vos décisions et les miennes coïncident ; l'heure de mon premier miracle sera avancée à votre gré.*

Marie comprend bien que ce refus motivé va devenir un acquiescement et elle organise immédiatement les préparatifs du miracle qu'elle désirait obtenir de lui.

215. — *Ex.*, I, 12 : « Comme » ils l'opprimaient, « ainsi » se multipliait-il = *plus on l'opprimait, plus il se multipliait.* — La natalité de ce peuple généreux et fier était fonction de l'intensité de l'oppression que les Égyptiens lui faisaient subir.

Rem. — Il y a expression parce que les mots comparatifs visent ici des quantités plus que des qualités.

216. — I *Sam.*, IX, 13 : « Comme » vous entrerez dans la ville « ainsi » vous le trouverez = *dès que... alors....* — La comparaison prend une valeur temporelle, celle d'une correspondance exacte (cf. § 360).

217. — *Gen.*, XIII, 11 : Ils se séparèrent « homme » d'avec « son frère » = ils se séparèrent *l'un* de *l'autre.* — Sur ce sens du mot « frère », voir § 64. Pour « homme », voir § 21.

218. — *Agg.*, II, 10 : «La gloire » de la maison la cette «la postérieure » = *la gloire ultérieure de ce temple* (plutôt que : *la gloire de ce second temple*). Les Anciens comparaient volontiers un temple à un être vivant que l'on peut « tuer » (= *démolir*) et « ressusciter » (= *restaurer*). Aux yeux d'Aggée il n'y a qu'un Temple ; seule sa parure physique ou mystique changera d'éclat.

Rem. — On s'explique que Jésus ait pu si facilement comparer son propre corps au temple de Jérusalem (*Io.*, II, 21).

219. — *Lc*. XVIII, 41 : « Quoi à toi — tu veux — ferai-je ? »
= *que veux-tu donc que je te fasse ?* — Le « tu veux » est comme
entre parenthèses, et la pensée est : *que dois-je te faire (tu as
certainement un désir à ce sujet).*

Mc., X, 36 : « Que — vous me voulez — ferai-je à vous ? »
= *qu'attendez-vous de moi ? que dois-je faire ?*

Io., XV, 7 : « (Ce) que si — vous voudrez — vous demanderez et (§ 52) deviendra à vous » = *tout ce que (voulant
l'obtenir) vous demanderez, vous adviendra.*

220. — *Mt.*, XVIII, 21 : Combien de fois — mon frère
péchera contre moi — et lui pardonnerai-je ? = *combien de
fois faudra-t-il* (§ 336) *pardonner* à mon prochain (§ 64) ? —
L'interrogation ne porte que sur le second membre de la
phrase.

Is., V, 4 « Pourquoi — j'attendais qu'elle donnât du raisin
— n'a-t-elle donné que du verjus ? » — *Mt.*, IX, 14 ; *Isaïe*,
LVIII, 3.

221. — *Mt.*, XI, 25 : « Je te loue, Père, Seigneur du ciel et
de la terre, de ce que — ayant caché ces choses aux sages et
habiles — et les ayant révélées aux enfants. »

Comme le fait remarquer saint Jean Chrysostome, la
louange et la joie de Jésus ne portent que sur cette révélation
accordée aux enfants dans de telles circonstances.

Appliquer à *Rom.*, VI, 17.

222. — *I Sam.*, XXVI, 23 : « Iahvé rendra à chacun selon
sa justice et sa fidélité, car — Iahvé t'a livré aujourd'hui entre
mes mains — et je n'ai pas voulu porter la main sur l'oint de
Iahvé » = *car, alors que... je....*

223. — *Deut.*, XXII, 1 : « Tu ne verras pas le bœuf ou la
brebis de ton frère qui s'est égarée et t'en désintéresseras»
= *si tu vois... tu ne devras pas* (§ 336) *t'en désintéresser.*

Cf. *Psaume 27*, v. 1 : ... « de peur que tu restes coi et je ne
ressemble à ceux qui descendent dans la fosse »= *de peur que,
si tu restais coi, je ne ressemblasse*, etc....

224. — *Is.*, VII, 17 : « Iahvé fera venir... (long passage) le
roi d'Assyrie. » — On songe au sonnet de Hérédia : « C'est

alors qu'apparut (cinq vers) l'Imperator sanglant. » Le mot
de la fin éclate comme une torpille arrivée au bout de sa
course. Comme en musique lorsqu'une longue tension prépare la résolution.

225. — A la limite de la dislocation se trouve l'inclusion
sémitique. Un morceau plus ou moins étendu est enfermé
entre deux formules presque identiques. Convention tacite
avec le lecteur pour marquer les limites de cet ensemble.

Les Béatitudes sont enclavées par la formule « le royaume
des Cieux ». Le procès d'Israël dans *Michée* est enclavé par
« Israël » (VI, 2) et son équivalent « Jacob » (VII, 20). Le
livre sur Emmanuel débute et finit par l'évocation de la
sainteté divine (*Is.*, VI, 3 et XII, 6). L'inclusion est fréquente
dans l'évangile de saint Matthieu.

Rem.—Si, pour jouer leur rôle, ces expressions ne figurent
pas dans l'intervalle, elles colorent cependant le morceau
entier : ainsi chacune des Béatitudes caractérise le royaume
divin.

B. L'expression permanente.

226. — Au grand Orgue, une note tenue peut être au récit,
au positif ou à la pédale. En littérature, la permanence peut
exister dans la forme seulement, ou dans l'image, ou dans
l'idée.

1º PERMANENCE DE FORME

227. — Ainsi s'expliquent les attractions de cas, de temps
et de modes qui ont fleuri surtout en grec et en latin, mais
qui n'étaient pas inconnues dans les langues sémitiques. Nous
les remarquons à peine, tant elles nous semblent naturelles.

« Lapidem quem reprobaverunt aedificantes, hic factus
est in caput anguli (*Ps. 117*, v. 22, cité par les trois Synop-
tiques). »

228. — *IV Reg.*, V, 10 : «aller » et « tu te laveras »sept fois
dans le Jourdain et « que te revienne ta chair et « sois puri-

fié » = *va* te laver sept fois dans le Jourdain, ta chair *te
reviendra* et *tu seras guéri*. L'infinitif « aller » ayant valeur
d'impératif (§ 36) la grammaire exige l'emploi dans l'apodose
du jussif « qu'elle revienne » et de l'impératif « sois purifié »
(cf. *Biblica*, 1929, 57).

229. — Il faut donc avant de traduire se méfier de cette
permanence purement externe et retrouver la variété du fond.

Au contraire, nous veillerons à ne pas laisser inaperçue
la permanence de l'image ou de l'idée.

2º PERMANENCE D'IMAGE

230. — « L'allégorie, dit-on, habite un palais diaphane. »
Il est vrai, mais les palais orientaux ont des murs tellement
épais qu'ils risquent de devenir opaques dès que le soleil
d'Orient cesse de briller sur eux.

Comparons une allégorie d'Occidental avec une allégorie
d'Oriental.

Le Père Lacordaire nous présente ainsi le culte de Jésus-
Christ : « Seul il a la mesure de notre être ; seul il fait de la
grandeur et de l'infirmité, de la vie et de la mort, un breuvage
tel que notre cœur le souhaitait sans le connaître ; et ceux qui
ont bu à cette coupe une fois, à leur âge d'homme, savent que
je dis vrai et que c'est un enivrement dont on ne revient pas. »

Les mots « breuvage », « coupe », « enivrement » se suivent
comme les sommets d'une chaîne de montagnes, ils rendent
sensible la parfaite continuité de l'image et de la pensée.

Dans la Bible, la continuité n'est pas toujours aussi visible ;
l'allégorie semble cesser brusquement et nous sommes surpris de la voir réapparaître ; la vérité est qu'elle brillait encore
derrière le nuage. En regardant mieux, nous remarquerons
que cette nuée est lumineuse. Ainsi dans le *Psaume 22*: « Tu
dresses devant moi une table en face de mes ennemis ; tu me
fais une onction d'huile sur la tête ; ma coupe est débor-
dante », l'onction est faite au cours du repas (cf. *Lc.*, VII,
36-50, et *Io*, XII, 1-11). — *II Sam.*, XIX, 35, évoque un fes-
tin avec chants.

231. — Dans les passages où se trouve une parabole, il arrive souvent que celle-ci se prolonge encore alors que nous croyons qu'il s'agit déjà de son application. Le fait est très sensible dans *Luc.*, XVI, 8, et *II Sam*, XIX, 35.

3° PERMANENCE D'IDÉE

232. — *Ps. 91*, v. 13 : (Le) juste, comme « le palmier » il croîtra ; comme « (le) cèdre dans le Liban » il s'élèvera = *le juste ressemblera au palmier d'abord, au cèdre libanais ensuite.* — Manière de traduire le progrès spirituel ; la discontinuité des images ne doit pas nous empêcher de saisir l'unité du mouvement.

233. — Le crescendo s'exprime au mieux par des formules simples comme celles-ci :

« De clarté en clarté » (*II Cor.*, III, 18).

« Et grâce en face de grâce » (*Io.*, I, 16).

« De force en force » (*Ps. 83*, v. 8).

234. — Un autre procédé consiste à saisir deux stades successifs d'un vaste mouvement.

Amos, I, 3 :

« Pour trois crimes de Damas et pour quatre. »

Ces quatre crimes sont les trois précédents plus un nouveau. Le sens est donc : puisque Damas accumule *crime sur crime*.

235. — Le *Psaume 146* invite à louer Iahvé « notre Dieu » qui daigne réédifier « Jérusalem » en faisant cesser « la dispersion d'Israël » ; suivent deux images assez disparates (guérison de plaies, calcul du nombre des étoiles avec caractérisation de chacune d'elles). Pourquoi n'y pas voir des allégories discrètes ? Le psalmiste songerait aux élus guéris de tous leurs maux et arrivés au degré de gloire assigné par Dieu à chacun d'eux ; après un cri d'admiration pour celui qui crée et recrée, l'auteur met en opposition cet accueil céleste et le traitement qui attend les pécheurs renversés sur le sol.

236. — Le verset 29 du *Psaume 103* est un tableau de la mort. Dieu cache son visage (§ 184), il retire par là même le souffle qu'il a donné ; résultat : le moribond est terrifié, il

expire et redevient poussière. Le verset 30 décrit la résurrection sous forme de seconde création. Comme ce passage est
poétique, il reste difficile de préciser s'il vise le printemps ou
la procréation (qui semble ressusciter l'espèce) ou la résurrection réservée à l'homme.

237. — Dans *Num.*, XXIV, 17-19, nous voyons un Astre
sortir de Jacob, un Sceptre s'élever d'Israël, un Dominateur
sortir de Jacob. — Manifestement il s'agit du seul Messie
(voir § 109).

238. — *Mc.*, IV, 39 « Tais-toi (*maintenant*) sois muet (*à
partir de maintenant*). » L'impératif parfait grec indique un
état qui doit persister ; en araméen Jésus a probablement
employé la forme périphrastique que nous trouvons dans
Lc., I, 20 : *eris tacens* (§ 168).

239. — *I Sam.*, XII, 23 : « Loin de moi de pécher contre Iahvé
en cessant de prier pour vous et je vous enseignerai » = *et de
vous enseigner* le bon et droit chemin.

Enallage parfaitement normal, car un infinitif hébreu
(« prier ») ne peut être coordonné à un autre infinitif (« enseigner »).

240. — *Gen.*, XXXIX, 18 « Comme mon élever ma voix et
je criai » = lorsque j'élevai la voix et que je criai = *lorsque
je poussai un grand cri.*

Cas analogue au § 239, avec en plus la valeur adverbiale du
premier verbe (§ 163).

241. — *Rom.*, XII, 14-16 « Bénissez vos persécuteurs —
bénissez et ne maudissez pas (§ 118) — vous réjouir (= *réjouissez-vous*) avec ceux qui se réjouissent, vous affliger
(= *affligez-vous*) avec ceux qui s'affligent, — éprouvant
(= *éprouvez*) les uns les sentiments des autres, — etc. ». —
Saint Paul donne à ces infinitifs et à ces participes une
valeur injonctive. Cf. § 36.

242. — *Gen.*, I, 27 « Et créa Dieu l'homme en sa ressemblance ; en ressemblance de Dieu il le créa ; mâle et femelle
il les créa ».

« Alors la dualité (grammaticale) ne s'opposait pas à l'unité mais se confondait avec elle, au point que, pour parler du couple édénique, l'Écriture sainte fait succéder sans contraste le singulier et le pluriel (A. ROUSSEAUX). »

Le couple premier avait conscience de cette unité, et les époux chrétiens trouvent dans la grâce du Sacrement une participation au bonheur sans fin du Christ et de son Église.

243. — Certaines expressions, vraiment bibliques celles-là, semblent dotées par la tradition d'une signification consacrée qui résiste à l'usure du temps.

Ainsi les deux expressions « conduire au séjour des morts » et « en ramener » se trouvent uniquement dans des cantiques : ceux de Moïse, d'Anne, et de Tobie (*Deut.*, XXXII, 39, *I Sam.*, II, 6 ; *Tob.*, XIII, 2). Ce fait invite à penser que leur signification resta à peu près la même au cours des âges.

244. — A l'extrême de la dissémination nous trouvons le cas d'une doctrine partout présente dans un livre et ne se traduisant qu'à peine, telle la fraîcheur d'un bois.

Ainsi dans le *Livre de la Sagesse*, la doctrine de la résurrection est partout supposée, on ne saurait dire qu'elle soit exposée ici plutôt que là.

245. — Signalons encore un procédé curieux et qui s'applique d'ailleurs en dehors de toute expression. On y retrouvera le goût de la dislocation énigmatique. Deux pensées sont développées à tour de rôle, sans doute pour en marquer l'intime connexion.

Ainsi dans le *Psaume 39* :

Première pensée :	*Deuxième pensée :*
a) Au sacrifice, à l'oblation tu ne te complais pas ;	
	b) Deux oreilles tu me creusas ;
c) Holocauste et sacrifice pour le péché tu ne demandes pas.	
	d) Alors j'ai dit : Voici, j'arrive !

Le Messie, invité à se présenter en Victime digne d'être agréée, accepte avec empressement (§ 420).

CHAPITRE V

L'EXPRESSION EXAGÉRATIVE

246. — Restons bien au point de vue où nous nous sommes placés au début de cette étude. Il s'agit d'observer les expressions bibliques, de les classer, puis, si la chose est possible, d'en déduire les lois qui les régissent.

Je ne connais pas dans la Bible de véritables exagérations, du moins sous la plume du narrateur, car les personnages qu'il met en scène peuvent tomber dans ce travers. Une exagération de ce genre (celle qui déforme le réel) n'aurait pas à figurer dans ce chapitre.

Pourquoi ? Parce qu'il faudrait prendre dans leur sens obvie les mots qui la contiendraient. Lorsque Jérias dit à Jérémie : « Tu passes aux Chaldéens » cela veut dire : *tu passes aux Chaldéens* et c'est si bien sa pensée qu'il arrête le prophète, (*Jér.*, XXXVII, 12).

Alors, qu'entendons-nous par expression exagérative ? Celle qui dit plus qu'elle ne laisse entendre.

247. — Étant donné notre but pratique, nous ne distinguerons pas les faits de langue de ceux qui relèvent du style.

Voici la répartition générale :

A) La répétition voulue (248).
B) Le pléonasme et le renforcement (254).
C) L'hyperbole consciente (288).
D) La négation qui affirme (300).
E) L'affirmation qui nie (302).
F) L'interrogation fictive (303).
G) L'exclamation fictive (314).
H) La correction fictive (315).

En appendice, quelques tropes de phrases sans portée expressive mais qui pourraient nous échapper : prolepses, concessions, antithèses, gradations (316).

A. **La répétition voulue.**

248. — « Entre toi et entre moi » = *entre nous deux*. — La préposition sémitique (substantif désaffecté) ne peut se construire avec deux termes visant des êtres distincts.

Dans l'*Apocalypse* (V. 6) l'Agneau apparaît « au milieu du trône et des quatre animaux et au milieu des vieillards », c'est-à-dire *entre* le trône *et* le cercle formé par les vieillards, car les animaux portent le trône.

249. — *Deut.*, II, 27 : « Dans le chemin dans le chemin, je marcherai » = *je suivrai constamment la route.*

Application de la loi des deux premiers chaînons. Ici, l'on veut exclure l'idée de déviation.

Rᴇᴍ. I. — En français nous disons : «Les forfaits succédaient aux forfaits. »

Rᴇᴍ. II. — Cette formulation éclaire le schème du § 84 : « Per vias rectas » = *par la voie droite.*

250. — *Deut.*, XXII, 8 : « Que tombe le tombant » = *si quelqu'un tombe.*

Le sujet vague n'est caractérisé que par ce qui lui arrive en ce cas. Dans *Ezéchiel* (XVIII, 32) «le mourir du mourant » c'est *la mort de qui que ce soit.*

251. — *IV Reg.*, VIII, 1 : «Séjourne où tu séjourneras » = *séjourne n'importe où.*

Ex., XXXIII, 19 : « J'aurai pitié de qui j'aurai pitié » = *de qui je voudrai.*

Le « quod scripsi scripsi » de Pilate peut signifier : ce qui est écrit, j'ai voulu (§ 338) l'écrire = *j'ai fait exprès d'employer cette formule.*

252. — *Psaume 17*, v. 27 : « Avec le pervers tu te montres pervers » = *tu ne saurais te laisser battre par lui.*

Formule un peu cavalière, mais qui n'est pas due à une recherche de l'effet : la pensée est grave, comme le jugement de saint Augustin sur Minerve incapable de « garder ses

gardiens » ; il faut y voir l'ébauche d'une parabole tendant à
montrer que Dieu adapte sa tactique aux circonstances de
la lutte.

253. — *Sap.*, VI, 14 : « (La Sagesse) devance d'être connue
à l'avance = *d'elle-même elle s'offre aux regards*.

On s'attend à devoir l'attendre et l'on est tout surpris de
la trouver assise à vous attendre. Cette préciosité alexan-
drine recouvre une doctrine très profonde : la Sagesse prend
toujours l'initiative de se faire connaître : nous aurons beau
nous hâter pour arriver avant elle, elle nous aura précédés
(cf. v. 15 et *Io.*, I, 15).

B. Le pléonasme biblique.

1º L'ARTICLE

254. — *Lc.*, VIII, 54 : « L'enfant, lève-toi » = *enfant,
lève-toi !* — Classique en grec.

255. — *II Sam.*, XIV, 4 : « Secours, le roi » = *secours (moi), ô
Roi*.

256. — *III Reg.*, III, 24 : « Prenez-moi un glaive.... Et
ils apportèrent le glaive » = *et ils en apportèrent un*. Un
glaive quelconque mais qui se trouve être celui dont on
parlait.

257. — *Ex.*, II, 15 : « (Moïse) se retira dans le pays de
Madian et il s'assit près du puits » = *près d'un puits*.

C'est le puits qui se trouve d'ordinaire auprès des villages.
« Le fuyard » (*Gen.*, XIV, 13) est ce fuyard qu'on est sûr de
rencontrer au soir d'une défaite ; « le lion » (*III Reg.*, XX, 36),
ce lion qu'on risque de voir surgir au cours d'un voyage ;
« et il arriva le jour » (*I Sam.*, I, 4) : un certain jour impossible
à déterminer autrement.

258. — *Num.*, XI, 12 : Comme « le » tuteur porte « l'enfant »
= *comme un tuteur porte un enfant*. En traduisant, avoir soin
de laisser dans le vague ces termes de comparaison.

2° LE SUBSTANTIF

259. — *Mt.*, XVIII, 23 : « Un homme roi » = *un roi.* — Le genre est exprimé avant l'espèce. On disait de même « un homme prêtre, « femme veuve », « un homme prophète » (*Lc.*, XXIV, 19).

A côté de mots-océans la Bible a donc quelques mots-déserts. Survie d'archaïsmes qui ressemblent à cette formule accadienne : « pays Assour endroit « = *Assour* (*le pays*). Et non la ville de ce nom.

3° ADJECTIFS

260. — « Oiseaux ailés » = *oiseaux.* — La caractéristique reste accolée au nom comme les épithètes d'Homère à ses héros.

4° PRONOMS

261. — *Is.*, XLV, 12 : « Moi je fis terre » = *c'est moi et personne d'autre* qui ai créé la terre. — Emphase intentionnelle. — Cf. *III Reg.* XIII, 2 et *Lc.* XIX, 42-44.

262. — *Gen.*, XIII, 1 : Et monta Abram d'Égypte « lui » et sa femme : *Abram et sa femme revinrent d'Égypte.* — Ce pronom de reprise est de règle. *II Sam.*, XVIII, 33 : Qui donnera (§ 313) mon mourir moi sous toi ? = *que ne suis-je mort à ta place !*

REM. — Dans ce dernier exemple le sens est différent de l'hyper-apothneskein de Platon (*Banquet*, 179 *b*). Dans notre intérêt, le Christ mourut à notre place.

263. — *Nahum.*, I, 3 : « Iahvé — dans l'ouragan et la tempête est sa voie. »

On appelle *casus pendens* le nom placé en tête de phrase et qui reste suspendu entre ciel et terre pour ne descendre ensuite que sous forme de pronom. Chez nous un enfant dira : « Maman où est-elle ? » L'accadien connaissait ce tour : « Louli, roi de Sidon — la crainte de mon éclat de souveraineté (§ 130) le renversa. »

264. — *Gen.*, XLV, 4 : Moi Joseph votre frère que vous « m' » avez vendu = je suis votre frère Joseph *que vous avez vendu.*

Le pronom relatif hébreu étant une simple agrafe invariable qui ne suffit pas à représenter le nom, on ajoutera un pronom personnel.

265. — *Ex.*, XXXII, 32 : « Ton livre que tu as écrit » = *le livre que tu as écrit.*

Ce livre est tien en ce sens que tu en es l'auteur.

Io., XVII, 24 : Ma gloire que tu m'as donnée = *la gloire* (*toute divine qui est en toi et*) *que tu m'as donnée.* — C'est en cela qu'elle est mienne.

266. — *II Sam.*, XXII, 24 : Je me garderai de « mon » iniquité = *de l'iniquité.*

Elle serait mienne si je la commettais.

Rem. — Le pronom s'impose en quelque sorte pour éviter toute ambiguïté. Notre locution française signifierait en hébreu : *je me garderai de l'iniquité de mes ennemis.*

IV Reg., XXIII, 30 « Et l'ayant amené à Jérusalem ils l'enterrèrent dans son sépulcre » : dans le sépulcre qui fut le sien par là même.

267. — « Adonaî » (littéralement : Mes Seigneurs) = *le Seigneur.* — La valeur du pronom suffixe (« de moi ») n'est plus sentie. Voir § 85.

268. — *Phil.*, II, 15 : « Enfants de Dieu irrépréhensibles » au milieu d' « une génération dépravée et perverse » parmi lesquels (= *laquelle*) vous paraissez comme astres au monde.

Accord d'après le sens, après avoir cité textuellement *Deut.*, XXXII, 5, selon les Septante.

Mt., I, 21 : « Il sauvera son peuple de leurs (= *ses*) péchés ».

5° Temps et modes

269. — *Io.*, V, 46 : Car si vous « croyiez » à Moïse, vous auriez cru à Moi = *si vous aviez toujours cru* à Moïse, vous auriez ajouté foi à toutes mes paroles.

La condition n'a pas été remplie, on attend donc un aoriste. Oui, mais comme il s'agit d'une action qui aurait dû se continuer, ou du moins se répéter, saint Jean emploie l'imparfait.

Io., XI, 21 : « Si tu étais ici (= *si tu avais été ici*) mon frère ne serait pas mort ». — *Lc.*, VII, 39 : « Celui-ci, s'il était (réellement) prophète, il aurait su qui est et quelle (est) la femme qui le touche (et je suis sûr qu'il ne l'a pas su) car (§ 286) c'est une pécheresse ». Voir aussi *Lc.*, X, 13 (cf. *Mt.*, XI, 21) ; *Mt.*, XXIV, 43 ; *Io.*, XIV, 7 ; VIII, 19, 42.

270. — *Gal.*, V, 24 : « Ceux du Christ crucifièrent la chair » = *le chrétien crucifie sa chair.*

Aoriste gnomique. Une vérité générale est considérée comme vérifiée.

271. — *Mt.*, XXVI, 2 : « Après deux jours la Pâque arrive et le fils de l'homme (§ 142) est livré « = *dans deux jours c'est Pâque, je suis livré* (*par mon Père*, § 106).

Le présent pour renforcer l'affirmation. Mon immolation est virtuellement réalisée, étant imminente.

272. — *Rom.*, XIV, 23 : « Quant à celui dont le jugement est au point, s'il mange (quand même) il est jugé » = *Dieu* (§ 106) *le condamnera.*

Le parfait, la chose est acquise dès ce moment.

Jac., II, 10 : « Que quelqu'un observe toute la Loi et manque sur un point, il est devenu coupable de tous (les autres) » = *et le voilà coupable de les avoir tous négligés.*

273. — « Tu ne tueras pas » = *que personne ne tue.*

L'indicatif futur pour formuler une défense générale.

Mt., VI, 5 : « Vous ne serez pas comme les hypocrites » = *ne soyez pas comme eux* (cf. § 258).

274. — *Rom.*, IV, 1 : « Quoi donc dirons-nous ? » = *que pouvons-nous dire ?* ou : *que pourrions-nous dire ?*

L'indicatif futur remplace l'optatif avec « an ».

275. — *Mt.*, XXIII, 33 : « comment fuiriez-vous du Jugement de la Géhenne ? » = Comment *pourriez-vous* (§ 335) *éviter* d'être condamnés à l'Enfer ?

Le subjonctif délibératif remplace aussi l'optatif avec
« an ».

276. — *Mt.*, XX, 10 : « Les premiers pensèrent qu'ils rece-
vront davantage » = *qu'ils recevraient davantage.*

L'indicatif futur du discours direct est maintenu ; le latin
mettrait le subjonctif ; le conditionnel français est ici un
véritable subjonctif (il n'y a pas la moindre condition dans
leur pensée).

REM. — Cette loi joue dans la sphère du passé. *Mc.*, XV,
47 : « Elles regardaient où il fut posé » = *où on venait de le
poser.* La question se formulait ainsi : *où est-il étendu ? où
gît-il ?*

277. — *Job.*, XXXII, 22 : « Je ne sus je flatterai » = *je ne
sais pas flatter.* — Plus logique que nous, l'hébreu ne traite
pas en infinitif ce verbe dont le sujet est si clairement déterminé.

Isaïe, XLVII, 5 : « Tu n'ajouteras pas ils t'appelleront »
= *tu ne continueras pas à être appelée* (§ 164).

REM. — Le « je ne sais pas » n'est pas relatif au moment où
Job parle, mais à la flatterie qui découlerait de ce savoir
sui generis : et le « je flatterai » est purement relatif à cette
science prérequise. Voir § 313.

278. — *Io.*, II, 19 : « Déliez » ce temple, et en trois jours je le
redresserai = *si vous le mettez en ruine, dès le surlendemain*
(§ 293) *je l'aurai reconstruit.* — Parabole énigmatique qui
contient cette pensée : vous me mettrez à mort, dès le surlendemain je vous donnerai le signe de ma mission en ressus-
citant.

279. — *Io.*, XVI, 23 : « Si vous demandiez une chose au
Père, il vous (la) donnera en mon nom = *chaque fois* que vous
adresserez une demande à mon Père, il vous l'accordera à
cause de moi. — Cette tournure est classique. Le subjonctif
avec « an » marque une condition valable pour tous les cas du
présent et de l'avenir. Cf. *Mt.*, V, 13, 23, 47 ; *Mc.*, IX, 43 ;
Lc., VI, 33.

Rem. I. — Depuis le IIIe siècle avant J.-C. prévalut la coutume d'écrire « éan » la particule « an ». *Mt.*, VIII, 19 : « Je te suivrai où tu irais » = *partout où tu iras* (cf. § 276).

Rem. II. — Ne pas objecter que l'on ne saurait se couper la main deux fois, car la parabole (*Mc.*, IX, 43) exige au moral une réaction aussi énergique *à chaque occasion* qui se présente.

6° Prépositions et cas

280. — *Mt.*, V. 8 : « Heureux les purs au cœur » = ceux qui sont purs quant au cœur = *ceux dont le cœur est pur.*

Le datif remplace ici un accusatif de relation. — *Phil.*, II, 7 : « A l'aspect trouvé comme homme » = *si l'on ne s'était fié qu'aux apparences,* on se fût imaginé qu'il n'était qu'un homme.

281. — *Rom.*, V, 12 : « Vers tous les hommes la mort survint sur (ce) que tous péchèrent » = *parce que* tous péchèrent.

La préposition « sur » suivie du datif peut marquer la cause, la fin ou la conséquence. — *I Thess.*, IV, 7 : « Dieu ne nous a pas appelés sur impureté (= *en vue de* l'impureté) mais en sainteté (= dans la sainteté qui ne comporte et n'admet aucune impureté). »

Rem. — Saint Paul ne parle pas de nos péchés personnels, qu'il ignore, mais de notre péché originel, dont il est certain, et dont l'extension à tous explique l'extension à tous de la nécessité de mourir.

282. — *II Cor.*, VI, 18 : « Je serai à vous en père » = *je serai pour vous un père.*

La préposition « en » avec l'accusatif pour traduire le *beth essentiae* sémitique (cf. § 45).

283. — *Rom.*, III, 25 : « ... par le rachat opéré dans le Christ Jésus — que Dieu proposa comme propitiatoire par (notre) foi — en son sang (= *au prix de son sang*). » — Le datif avec cette préposition remplace le génitif de prix (cf. *I Cor.*, VI, 20). Ni l'argent ni l'or n'auraient pu nous racheter (*I Pet.*, I, 18 s.).

284. — *Jos.*, I, 11 : «Dans encore trois jours » = dans trois jours = *après-demain exactement.* — A vrai dire il n'y a pas là pléonasme : l'hébreu perçoit la nuance positive (*au cours de ces trois jours*) et la nuance négative (*pas au delà de cette durée*). Cf. § 118.

7° CONJONCTIONS

285. — *Mt.*, XXVI, 72-75 : «De nouveau il nia que je connais cet homme » = *il redit : Je ne connais pas cet homme.*

Le « que » récitatif équivaut à notre comma (:).

REM. — Il est parfois difficile de le discerner de celui des propositions complétives. Par exemple dans *Lc.*, XXIV, 46.

286. — *Mt.*, VIII, 27 : « Quel est-il parce que les vents lui obéissent ? » = *Quel est-il ? On doit se le demander puisque les vents lui obéissent.*

Ce « parce que » n'exprime pas la causalité réelle de la grandeur de Jésus, mais le motif logique de la question que l'on pose. Le raisonnement implicite est le suivant :

> Les vents n'obéissent qu'à Dieu ;
> Or ils viennent d'obéir à Jésus ;
> Donc Jésus est un être divin.

Ex., III, 11 : « Moïse dit à Dieu : Qui moi car j'irai vers Pharaon, et car je ferai sortir d'Égypte les fils d'Israël ? » Le sens est presque : *pour qui me prenez-vous donc, puisque* vous me donnez une mission qui dépasse si manifestement mes moyens.

Ex., XVI, 7 : « Et nous quoi, car vous avez murmuré contre nous ? » = *pour qui nous prenez-vous donc puisque* vos murmures s'adressent à nous (alors que la Providence de Dieu est seule en cause).

Cf. *Ps. 8*, v. 5 (cité par *Heb.*, II, 6) et *Lc.*, VII, 39 (§ 269).

287. — *Mt.*, XIX, 6 : « ... de sorte que (= *par conséquent*) ils ne sont plus deux mais une seule chair (§ 76) ; ce que Dieu a donc ainsi uni qu'aucun homme n'en sépare les éléments. »

Ici encore on nous exprime la conséquence logique des données du problème, avant de tirer la conséquence morale.

Mt., XII, 12 : « ... de sorte qu'il est permis le jour du sabbat de faire du bien (aux malheureux) » = *donc vous conviendrez que*, etc.

Mt., XXIII, 31 : « ... de sorte que vous déposez contre vous-mêmes que vous êtes les fils de ceux qui tuèrent les prophètes » = *de vos protestations je retiens* l'aveu involontaire de votre parenté avec ces canailles.

I, Cor., V, 7-8 : «Notre Pâque — le Christ — est immolée.— De sorte que nous célébrons cette fête... en azymes de sincérité et de vérité » = *puisque* c'est une fête pascale, *j'en conclus* qu'il nous faut nous en tenir à des azymes ; et *puisque* c'est le Christ qui est notre agneau pascal, *j'en infère* qu'il nous faut de la sincérité et de la vérité. Cf. *I Cor.*, III, 21 et IV, 5.

REM. — En hébreu et en araméen on dirait «maintenant ». Mot qui n'implique pas nécessairement l'idée d'une succession dans le temps, mais celle d'un classement logique effectué à un point de vue quelconque.

C. L'hyperbole biblique.

288. — Le R. P. SPICQ l'a étudiée « Prise à la lettre, dit-il, l'expression hyperbolique serait absurde ou irait au delà de la vérité mais si elle est bien formulée de façon qu'on ne puisse se méprendre sur son caractère, l'esprit discerne aisément la vérité qu'elle contient. L'équilibre de la pensée n'est rompu qu'en apparence, car l'énoncé même de la proposition, qui fait une si forte impression sur l'esprit, sollicite celui-ci à se dégager de l'image pour atteindre la pensée qui veut être exactement enseignée. (Les divines hyperboles de l'Évangile, dans la *Revue des Jeunes*, juillet-août, 1936, p. 12.) »

289. — Saint THOMAS D'AQUIN nous rappelle que le sens littéral de ces expressions n'est pas la figure même, mais ce qu'elle veut représenter (I, q. 1, a. 10, ad 3).

290. — On peut exagérer la grandeur ou la petitesse ; dans l'un et l'autre cas, la parole excède la pensée. « Cet élève est nul » est une exagération. Et quand David déclare

à Saül : « Qui poursuis-tu ? un chien mort ? une puce ? »
(*I Sam.*, XXIV, 15) il exagère.

291. — Pour l'imagination l'antithèse « blanc, noir » sera
toujours plus sensible que l'opposition pourtant plus radicale
« blanc, pas blanc ». Nous aurons toujours peine à reconnaître
que le gris-perle et même le gris blanc appartiennent à la
catégorie du non-blanc.

Or, si la nuit tous les chats sont gris, sous le soleil d'Orient
tous les chats sont blancs. La langue orientale aime les
contrastes.

« J'ai aimé Jacob, j'ai détesté Esaü » (*Mal.*, I, 2 s.). Cf.
§ 34 et 118-120.

292. — Les auteurs bibliques, comme les auteurs profanes,
exagèrent donc parfois leur pensée, mais à bon escient et
sans s'imaginer qu'ils seront pris au pied de la lettre.

293. — *Mt.*, XII, 40 : « Trois jours et trois nuits » = *sur
trois jours consécutifs.*

Esther employait une expression analogue. « Jeûnez pour
moi, dit-elle, trois jours, nuit et jour » (IV, 16) ; elle ajoute
qu'elle en fera autant, puis entrera chez le roi ; or, dès le surlendemain, elle se présente à Assuérus (XV, 1).

Pour désigner quarante jours consécutifs, on disait « quarante jours et quarante nuits ». Le schème une fois créé
s'appliquait sans doute à tous les cas semblables.

  « Un jour et une nuit = *en moins de 24 heures.*
  (*Io.*, I, 39, est assez semblable, puisque « ce jour » commence à
4 h. du soir.)

   « Deux jours et deux nuits » = *du jour au lendemain.*
  (*Io.*, XI, 6 et IV, 40, semblent avoir ce sens.)

   « Trois jours et trois nuits = *du jour au surlendemain.*

REM. I. — Il est probable que ce comput réduit convient à
Jonas. Il s'embarque à Joppé, la tempête miraculeuse a dû
surgir dès la nuit suivante (Jonas à fond de cale dormait ; on
le jette à la mer, le calme revient ; passe un « Grand Poisson »

qui garde en lui le Prophète « trois jours et trois nuits » : le temps de ramener Jonas « sur la terre ».

Rem. II. — Saint Augustin donne une autre explication, le tout « un jour une nuit » désignerait la partie. La nuit du Jeudi au Vendredi et la journée du Vendredi figureraient pour les quelques minutes passées au sépulcre avant la nuit suivante. La nuit de la Résurrection et le jour de Pâques exprimeraient les dernières heures avant cette Résurrection.

Rem. III. — La formule « nuit jour » employée par Esther indique la continuité. N'est-ce pas l'évocation des crépuscules qui assurent cette continuité ? et le séjour du Sauveur au sépulcre n'a-t-il pas traversé trois crépuscules seulement ? Ainsi l'expression « trois jours et trois nuits » voudrait dire : « trois jour nuit ». Cf. § 204.

Rem. IV. — Roboam voulant se réserver une journée entière pour consulter et réfléchir, congédie ainsi le peuple : « Allez, encore trois jours et revenez vers moi » (*III Reg.*, XII, 5), et le narrateur ajoute : « et vinrent Jéroboam et tout le peuple vers Roboam dans le jour le troisième ». Cf. § 284.

294.—Un grand roi est censé supérieur à tous ceux qui l'ont précédé ou le suivront. C'est le cas de Salomon, d'Ézéchias et de Josias.

295. — Un grand événement l'emporte sur tous ceux qui le précèdent ou le suivent. C'est le cas de *Mc.*, XIII, 19.

296. — Un très grand nombre est égal à celui des grains de sable qui sont au bord de la mer. Hyperbole courante.

297.—*III Reg.*, XX, 10 : Le roi de Syrie veut donner une idée du nombre de ses soldats, il fait dire à Achab : « Que les dieux me traitent dans toute leur rigueur si la poussière de Samarie suffit pour remplir la paume de la main de tout le peuple qui me suit ! »

298. — *Rom.*, XII, 20 : « Tu amasseras des charbons de feu sur sa tête » = *il se sentira vaincu par ta générosité et disposé à changer promptement de sentiments.* — Aucune malveillance

au contraire ; la délicieuse victoire du bien sur le mal. Cf.
Prov., XXV, 22.

299. — On le voit, la Bible aime les expressions vigou-
reuses. Souvent les chiffres ronds sont donnés sans autre
intention.

D. **La négation pour mieux affirmer le contraire.**

300. — Type : « Je ne suis pas coupable » = *au contraire, je
suis innocent.*

L'indignation perce, car la pensée est : je ne suis pas ce
que vous prétendez ! Voir aussi *Is.*, XLV, 19 et *Ps. 36*, v. 25.

REM. — Ne pas confondre cette tournure avec la litote
(§ 372).

301. — Nier un aspect a pour effet d'évoquer le contraire.
L'imprécision n'est qu'apparente, car l'esprit comprend fort
bien.

E. **L'affirmation pour mieux nier le contraire.**

302. — Type « je suis innocent » = *je ne suis pas coupable*
(*rendez-moi la liberté*).

REM. — Ne pas confondre ce tour énergique avec la litote
du § 372.

F. **L'interrogation fictive.**

303. — L'interrogation fictive revêt deux formes : la forme
négative ou la forme positive.

1° FORME NÉGATIVE

304. — *I Sam.*, I, 8 : Elcana dit à sa femme : « Est-ce que
je ne suis pas pour toi mieux que dix fils ? » — La réponse est :
Évidemment si. Celui qui parle affecte le doute alors qu'il est
certain.

305. — *III Reg.*, XI, 41 : « Est-ce qu'ils ne sont pas écrits
sur le Livre des paroles de Salomon ? » = ils sont racontés,
comme on sait, dans les Annales du règne de Salomon.

Jos., X, 13 : « Est-ce que celle-ci n'est pas écrite ? » = cela
(105) est écrit, *comme on sait*, dans telles annales.

306. — *I Cor.*, X, 16 : « Le pain que nous rompons n'est-il pas une communion du corps du Christ ? » = *vous savez bien que* cette brisure nous permet de communier *réellement* au corps du Christ.

2º FORME POSITIVE

307. — *Ex.*, XV, 11 : « Qui comme toi en élim ? » = *parmi les élim, qui est comme toi ?*

Évidemment personne, car ou bien il s'agit de dieux qui n'existent même pas, ou il s'agit d'anges que tu as créés et qui te sont bien inférieurs. Tout ce qu'on raconte de tel dieu ou de tel ange n'est rien en comparaison de ce que nous savons de toi.

308. — *I Sam.*, XIX, 17 : « Laisse-moi partir, pourquoi te tuerais-je ? » = laisse-moi partir *pour que je ne sois pas obligé* de te tuer.

Parataxe animée qui laisse deviner une subordination.

En accadien, une déesse dit à l'auteur du Déluge : « Est-ce que j'enfante mes gens et (= *pour que*) comme les petits des poissons ils remplissent la mer ? »

309. — *Gen.*, III, 11 : « As-tu mangé ? » = *tu as mangé !*

Interrogation oratoire qui n'attend aucune réponse et qui revêt une valeur exclamative.

Lc VII, 44 : « Vois-tu cette femme ? » = *tu vois cette femme !*

Am., V, 25 : « M'avez-vous offert sacrifices et oblations au désert ? » = *assurément vous m'avez offert au Désert sacrifices et oblations* (= la belle affaire, puisque je vous vois porter Sakkout votre roi, etc.).

310. — *Gen.*, IV, 10 : « Qu'as-tu fait ? » = *malheureux, quel crime !*

Dieu n'interroge pas, il s'indigne.

Saint Benoît constatant le pieux stratagème de sa sœur lui dira : « Quid est quod fecisti ? »

Pilate interroge Jésus mais sur un ton où perce le préjugé.
« Ta nation d'accord avec les grands prêtres t'ont livré à moi ; qu'as-tu fait ? » = *quel crime as-tu donc commis ?*

311. — *Lc.*, XXIV, 18 : « Toi seul habites Jérusalem et tu n'as pas su les (événements qui viennent) d'y arriver ? » = *es-tu donc le seul des habitants de Jérusalem qui n'a pas su ce qui vient de s'y passer ?*

Il n'y a pas deux questions coordonnées, il n'y en a qu'une. A vrai dire, il n'y en a aucune. Cléophas n'en revient pas : *tu es bien le seul à ignorer des faits dont tout le monde parle à Jérusalem !*

312. — Jésus parlant du feu, qu'il est venu nous porter, s'écrie : « Quoi veux-je, si déjà fut allumé ? » = *Oh ! que je voudrais le voir déjà allumé !* (*Lc.* XII, 49).

313. — *Deut.*, XXVIII, 67 : « Qui donnera soir ? » = *ah ! que ne suis-je à ce soir !*

Le sens du verbe est presque disparu.

Ps. 54, v. 7 : « Qui me donnera des ailes ? » = *ah ! si j'avais des ailes !*

On trouve même « qui donnera j'ai su ? » = *ah ! si je savais !* Cf. la remarque du § 277 : « Je ne sus je flatterai » ; ici le futur n'a plus que le sens de l'inaccompli, et traduit un regret.

G. L'exclamation fictive.

314. — Il n'est pas question ici de l'exclamation affectée, celle de Caïphe par exemple : « Il blasphéma, qu'avons-nous encore besoin de témoins ? Vois maintenant, vous venez d'entendre son blasphème. Que vous en semble ? (*Mt.*, XXVI, 65-66).» Nous parlons de cette figure de rhétorique qui consiste à donner la forme exclamative à des assertions.

Rem. I. — L'apostrophe qui veut simplement stimuler l'attention est un procédé semblable.

Rem. II. — Le brusque arrêt en vue de faire mieux saisir sa pensée rentre dans cette même catégorie.

H. La correction fictive.

315. — Il est normal de se reprendre lorsqu'on s'est mal exprimé. La rhétorique admet que l'on fasse semblant de chercher ses mots. Voici quelques exemples tirés des épîtres de saint Paul : *I Cor.* XI, 22 ; *Heb.* XI, 32.

III Reg., XIV, 14 est très caractéristique : « cela aujour-d'hui — et quoi ? même maintenant » = *et cela aujour-d'hui — que dis-je? dès maintenant !*

Appendice

Les tropes de phrase sans portée expressive.

316. — L'exclamation, l'apostrophe, la suspension et la correction peuvent n'être que des façons naturelles et directes de manifester une grande émotion, un étonnement sincère, l'accès d'une vraie douleur ou une démarche du raisonne-ment.

317. — De plus il existe des tournures que les rhéteurs considèrent à tort comme des « tropes » et qui répondent à un procédé naturel de l'intelligence. Ceux qui les emploient ne disent pas une chose pour en faire entendre une autre. Telles sont la prolepse, la concession, l'antithèse, la gradation.

Puisqu'il n'y a pas là de « détour » dans la pensée ni dans le style, je me bornerai à signaler les cas où nous risquons de ne pas reconnaître leur présence ou d'apprécier comme il faut leur valeur.

1° LA PROLEPSE

318. — *Gen.*, I, 4 : « Et vit Dieu la lumière que bonne » = *en regardant cette lumière, Dieu se dit qu'elle était bien belle.*

Et même plus belle que les ténèbres (§ 356). Le verbe prend le sens plein qu'exige le double complément (§ 72).

Rem. — Nous disons « je vois Pierre qui vient » pour signi-fier qu'en l'apercevant nous remarquons qu'il approche.

319. — *Gen.*, XXXVII, 11 : « Et son père garda la parole » = *quant à son père, il garda la chose.*

L'ordre normal hébreu (verbe, sujet) est interverti (sujet, verbe) pour donner un peu d'emphase au sujet.

Rem. — Nulle emphase dans la première ligne de la *Genèse* « au commencement créa Dieu ». L'ordre normal des mots hébreux est l'inverse de l'ordre normal des mots français et voilà tout. Il faudrait traduire « Dieu créa l'univers au commencement », donc avant de le travailler. Un psaume nous dira qu'il fait « l'aurore » de chaque jour ; il se sert pour cela de la « lumière » qu'il créa dès le premier des jours.

2° Tours concessifs peu apparents

Sur « châtier il me châtia » (= *je concède qu'il me châtia*) voir § 176.

320. — La simple juxtaposition peut exprimer la concession. Abraham disait à Dieu : « Voici que je recommence à parler à mon Seigneur et moi poussière et cendre » = *bien que je ne sois que cela* (*Gen.* XVIII, 27).

321. — *Is.*, LIII, 9 : « Sur il ne fit pas d'injustice » = *bien qu'il n'ait commis aucune injustice.*

322. — *Ps. 22*, v. 4 : « Même parce que je marche dans une vallée obscure » = *quoique je marche*, etc.

323. — *Ps. 36*, v. 24 : « Parce qu'il tombe il n'est pas étendu par terre, car Iahvé soutient sa main » = *quoiqu'il lui arrive de trébucher* (ou : *même s'il trébuche*).

324. — *Is.*, I, 18 : « Si vos péchés sont comme l'écarlate » = *même s'ils sont aussi rouges que l'écarlate.* Cf. § 360.

3° L'antithèse peu voyante

325. — *Ex.*, XXIII, 21 : « Mon nom (est) en son intérieur » = *qui l'écoute m'écoute.*

Le Père Lagrange explique : « L'ange est tellement distinct de Dieu que Dieu doit relever son autorité en lui communiquant quelque chose de lui-même, en le faisant son représentant » (*R. B.*, 1914, 610).

Rem. I. — Le nom, c'est la personne ; « l'intérieur » de l'ange, c'est l'ange (§§ 80, 81, 150).

Rem. II. — A ses apôtres, Jésus dira : « Moi avec vous je
suis tous les jours » (*Mt.*, XXVIII, 20) ; il aurait pu ajouter :
« Mon nom (est) en votre intérieur ! »

326. — L'ange gardien « voit sans cesse la face de » Dieu :
ministre autorisé, il ne tolérerait pas que l'on scandalisât
son protégé. (Mt. XVIII, 10).

4º La Gradation insensible

327. — Insensible à notre myopie d'Occidentaux. Trop
de lumière nous offusque. En soi le passage du palmier au
cèdre (§ 232) franchit assez de degrés pour attirer l'attention.

328. — Il faut avoir l'ouïe très fine pour percevoir le magnifique crescendo du verset 24 de *Daniel*, IX (P. Lagrange,
Revue Biblique, 1930, p. 182).

CHAPITRE VI

L'EXPRESSION ATTÉNUATIVE

329. — Si l'Oriental aime le *fortissimo*, il n'est pas insensible au *pianissimo*.

Nous devons distinguer aussi nettement que possible les expressions affaiblies involontairement par suite d'une certaine indigence du lexique, ou du manque de souplesse de la grammaire, et les expressions qui atténuent volontairement la force de la pensée (§ 366 ss.).

A. L'atténuation involontaire.

1° INDIGENCE DU LEXIQUE

330. — *Ps. 48*, v. 18 : « Il n'emportera pas tout » = *il n'emportera rien*. — En mourant le riche n'emporte pas tel, tel et tel objet, et la remarque s'applique à tout ce qu'il possédait jusqu'alors.

Ps. 147, v. 20 : « Il n'a pas agi de la sorte envers toute nation » = envers *aucune* il n'a agi ainsi.

Io., XI, 26 : « Quiconque vit et croit en moi ne mourra pas toujours » = *ne mourra jamais*. Le chrétien trépasse, il ne meurt pas : sa vie (« éternelle » par nature) subsiste : *vita mutatur, non tollitur* : il passe de l'état de grâce à l'état de gloire, et un jour cette gloire se communiquera à son corps.

331. — *I Macc.*, VIII, 30 : « Ceux-ci et ceux-ci » = *ceux-ci ou ceux-là*. — *Mt.*, XXIV, 40 : « Un est pris et un (= *l'autre*) est laissé. » Cf. XX, 21 ; XXIV, 41.

332. — L'indigence d'adjectifs a nécessité la création de la formule : « Le roi de gloire » (= *le roi glorieux*), § 130.

REM. — Comparer « la maison du roi » du § 131 avec la tournure plus abstraite de l'accadien « la ville de royauté de lui » = *sa ville royale*. Voir aussi § 138.

333. — En français nous distinguons la « ville forte » et la « ville fortifiée ». En accadien celle-ci s'appelait « ville de fortification » et la formule « rois d'Amourrou la totalité d'eux » voulait dire : *tous* les rois d'Amourrou, ou plutôt : les rois d'A. *pris dans leur ensemble.*

L'hébreu biblique connaît ce tour.

2° NUANCES MODALES INEXPRIMÉES

334. — Les nuances modales de l'action ne sont généralement pas exprimées en hébreu.

A Radet, lui demandant de renoncer à l'État de l'Église, Pie VII répondit : « Je ne le puis pas, je le le dois pas, je ne le veux pas » ; en hébreu il aurait simplement dit : « Je ne le ferai pas. »

335. — Nuance *pouvoir.* — *Ruth*, II, 15 : « Elle glanera » = *elle pourra glaner.*

Applications : § 173.

336. — Première nuance *devoir* (ce qui est obligatoire) : *Ex.*, XX, 13 : « Tu ne tueras pas » = *tu ne dois pas tuer.*

Lc., I, 34 : « Comment sera ceci, puisque je ne connais pas d'homme » = comment cela pourra-t-il être (§ 335) puisque (§ 286) en vertu de mon vœu, *je ne dois connaître aucun homme.* — Saint THOMAS a très bien compris que Marie avait fait vœu de virginité.

337. — Seconde nuance *devoir* (ce qui ne peut manquer d'arriver). — *IV Reg.*, XIII, 14 : « Élisée était malade de la maladie dont il mourra » = *dont il devait mourir.*

338. — Nuance *vouloir.* — *I Sam.*, XXVI, 6 : « Qui descendra avec moi ? » = *qui veut descendre avec moi ?*

Cf. *Io.*, X, 32 ; XIII, 6.

REM. — En *Isaïe*, VI, 8, on trouvera deux nuances distinctes dans la même phrase.

3° PHASES DE L'ACTION

339. — Les phases d'une action ne sont pas facilement exprimables.

Pour la commodité de notre étude nous distinguons :

1° Les préparatifs de l'action. — Donc avant l'action.
2° Les débuts.
3° L'action en cours d'exécution. } L'action elle-même.
4° La fin de l'action.
5° Les résultats obtenus. — Donc après l'action.

340. — Le verbe hébreu ne dispose que de deux temps :
a) Un parfait, pour exprimer un fait dont la réalisation est accomplie (4°) à un moment donné passé, présent ou même futur. Il s'emploie donc pour un événement à venir dont on est certain (passé dit prophétique).

b) Un futur, pour exprimer un fait dont la réalisation n'est pas accomplie (3°) à un moment donné futur, présent ou même passé.

341. — *Jos.*, I, 3 : « Tout emplacement où cheminera (3°) la plante de votre pied, c'est à vous que je le donnai (5°) comme je parlai (1°) vers Moïse » = *comme je l'ai dit à Moïse, je vous donnerai le terrain au fur et à mesure que vous l'aurez occupé.*

342. — *Gen.*, II, 6 : « Un flux montera (3°) du sol » = *une source jaillissait sans tarir.*

343. — *Act.*, XVIII, 11 : « il s'assit (2°) un an et six mois » = *il s'installa* (2°) *à Corinthe et y demeura* (3°) *un an et demi.* Saint Luc donne au verbe le sens de « s'asseoir » et celui d' « être assis ».

Rem. I. — « Être assis » signifie *habiter, demeurer, rester.* Du Christ glorieux on dit indifféremment qu'il « s'est assis » (*Heb.*, X, 12) et qu'il « est assis » (*Heb.*, XII, 2) à la droite de Dieu.

Rem. II. — *Jonas*, IV, 5 : « Il s'assit jusqu'à ce qu'il verra » = *il s'assit* (2°) *afin d'être là* (3°) *pour voir* (5°).

Rem. III. — *Psaume 109*, v. 1 : « Assieds-toi (2° et 3°) à ma droite jusqu'à ce que je place (5°) tes ennemis comme escabeau sous tes pieds. » Même explication.

344. — Le verbe grec classique exprimait presque toutes les modalités de l'action et de l'état.

Le verbe hellénistique soucieux de plus de précision n'est cependant pas arrivé à la perfection désirée.

345. — *Io.*, XI, 47 : « Que faisons-nous que cet homme fait beaucoup de signes ? » = *que décidons-nous* (1°) *de faire* (3°) *puisque* (§ 286) *cet homme, lui, opère prodiges sur prodiges.* — Interrogation délibérative sur ce qu'il faut faire (§ 336). Le présent pour le futur et l'indicatif pour le subjonctif.

346. — *Lc*, I 59 : « Ils l'appelaient Zacharie » = *ils auraient voulu qu'Élisabeth lui donnât ce nom.* Cf. § 338.

Rem. — Ce que je relève ici, c'est l'absence de conditionnel.

347. — L'aoriste grec correspond normalement à l'action instantanée (je tuai) ou nettement localisée dans le temps (j'étudiai hier de 8 h. à 10 h.).

Il y a pourtant :

a) un aoriste ingressif (2°) qui indique le commencement d'une action (ainsi *Io.*, XII, 34 ; *Rom.*, XIV, 9) ;

b) un aoriste perfectif (4°) qui marque la fin de l'action.

Voici deux cas assez inattendus :

348. — *I Cor.*, IV, 8 : « Déjà vous devîntes riches, sans nous vous régnâtes » = *sans nous attendre vous voilà devenus de riches rois.*

Ironie pure (§ 398) et saint Paul ajoute : Plût au Ciel que ce soit vrai, afin que je puisse en profiter !

Les verbes « être riche », « être roi » indiquent par eux-mêmes un état ; l'aoriste (ingressif) indique le commencement de ce nouvel état.

Cf § 343 : « Il s'assit » = *il commença à demeurer.*

349. — *Lc.*, I, 30 : « Ne craignez pas, Marie, car vous trouvâtes grâce auprès du Seigneur. »

Aoriste perfectif qui indique plutôt la fin d'une ascension mystique. Marie a fini par devenir la digne mère de Dieu.

Rem. I. — C'est ainsi que Noé trouva grâce en faveur de sa famille et du genre humain qui aurait été anéanti sans cela (§ 183).

Rem. II. — *Mt.*, XXVII, 20 : « Les prêtres persuadèrent les foules » = *finirent par entraîner tous les groupes présents.*

350. — Le parfait grec est très spécialisé : il marque le résultat permanent (5°) d'une action temporaire (4°).

Malgré cela il n'indique pas si l'on insiste sur ce résultat ou sur cette action.

Io., IX, 29 : « Nous, nous savons que Dieu a parlé à Moïse » veut dire : *cette parole garde encore toute son actualité*, de sorte qu'en lisant Moïse nous entendons Dieu qui nous parle encore ; voilà pourquoi nous refusons d'écouter Jésus, d'autant plus que nous ignorons « d'où il est » (c'est-à-dire : à qui nous avons affaire).

Io., VI, 69 : « Nous avons cru et su que vous êtes le saint de Dieu » = *nous croyons et savons cela.* Ici le parfait semble ne concerner que l'état présent (5°) qui dépend de l'acte de foi antérieur (4°). Cf. *Io.*, XI, 14 : le visage de Lazare « avait été enveloppé » d'un suaire : *il en était encore enveloppé.*

4° RAPPORT DE DEUX ACTIONS

351. — *Mc.*, XII, 12 : « Ils connurent que c'était à leur sujet qu'il « dit » cette parabole » = ils s'aperçurent *qu'il avait dit* cette parabole avec l'intention de les viser. — Le passé simple au lieu du plus-que-parfait.

Io., X, 41 : « Ils disaient que Jean ne fit (= *n'avait fait*) aucun miracle. »

Io., IX, 18 : « Les Juifs ne crurent pas qu'il était aveugle et qu'il vît » = *refusèrent de croire* (§ 338) *qu'il avait été aveugle et qu'il avait donc réellement recouvré la vue.*

352. — *Io.*, XV, 8 : « ... afin que vous portiez du fruit abondant et vous deviendrez à moi disciples » = *afin que vous portiez du fruit de plus en plus abondant et que par là même* (§ 128) *vous soyez de mieux en mieux mes disciples.*

« Afin que » gouverne ce subjonctif et l'indicatif futur qui calque l'araméen (§ 340).

353. — *Gen.*, XXVII, 30 : « Et il arriva encore sortir sortit Jacob et Esaü son frère vint » = *Jacob à peine sorti, son frère Esaü entra.* On dirait qu'ils se croisent à la porte. Le

schème « sortir sortit » sert à souligner le mot « encore »
(§ 170).

354. — *Act.*, XVIII, 23 : « Il sortit parcourant le pays gala-
tique » = *il sortit pour parcourir la Galatie.* — Le participe
présent indique son intention (présente alors) de parcourir
cette contrée (action future par rapport à ce départ). Cf.
§ 339. Dès son départ il parcourt virtuellement la Galatie.

5º LE COMPARATIF ET LE SUPERLATIF

355. — La Bible emploie souvent le positif à l'absolu à la
place du comparatif ou du superlatif.

356. — En *Gen.*, I, 4, Dieu voit que la lumière est « bonne » :
il constate avec satisfaction (§ 73) qu'elle est *meilleure*
(*plus belle, plus utile, etc.*) que l'obscurité où elle vient de
surgir.

357. — *Mt.*, XX, 26 : « Celui qui voudra devenir grand »
= *le plus grand de tous* = *celui qui voudra occuper la plus
haute place.* — Le positif « megas » (calque du mot araméen
employé par Jésus) avec le sens de « megistos » qui n'était
plus guère employé à cette époque. (Le verset 27 semble
bien reprendre la même idée en disant « le premier » de
tous.)

I Sam., XXX, 19 : « Depuis le petit et jusqu'au grand »
= *du plus petit au plus grand.* — *II Par.*, XXI, 17 : « Le
petit de ses fils » = *le plus jeune.*

358. — *Cant.*, I, 7 : « la belle dans (= *parmi*) les femmes »
= *la plus belle de toutes !*

Lc., I, 42 : « Tu es bénie en femmes » = *plus qu'aucune
autre.* Ainsi nous disait-on que Noé était « juste dans » sa
génération. — « Exquisita in omnes voluntates ejus » = *le
décret divin le plus exquis de tous* (*Ps. 110*, v. 2).

359. — Le plus souvent la préposition choisie est « hors de »
(*ex* en latin). C'est le moyen normal de suppléer à l'absence de
comparatif.

On use de ce tour pour exprimer le superlatif relatif. Le serpent était « rusé de » (*ex*) la totalité du vivant de campagne » = *le plus rusé de tous les animaux*; il sera « maudit de (*ex*) tous » = *le plus maudit de tous*.

Rem. — En accadien « fort de la totalité des rois » signifiait : *le roi le plus fort*.

360. — *Gen.*, III, 5 : « Vous serez comme Dieu » = *tout à fait semblables à lui* = *vous serez de vrais dieux*.

Rem. I. — Évidemment le mot « comme » n'indique le plus souvent qu'une similitude imparfaite, mais soyons avertis.

Rem. II. — « Comme le Mont Perasim » signifie : *comme sur ce mont* (*Is.*, XXVIII, 21).

361. — Il y a superlatif virtuel lorsqu'on donne un sens renforcé à certains mots d'apparence anodine.

Ainsi l'adjectif « inutile » peut signifier : *dangereux, nocif, funeste, désastreux* (*Sap.*, III, 11 ; *Philémon*, 11 ; *Tit.*, III, 9 ; *Heb.*, XIII, 17). Le « servi inutiles sumus » peut avoir ce sens énergique qui veut donner à réfléchir (*Lc.* XVII, 10). — Le « dimisit inanes » du *Magnificat* est très fort.

362. — Le comparatif grec exprimera aussi le superlatif, et cela est moins surprenant.

I Cor., XIII, 13 : « Maintenant subsiste une foi, une espérance, une charité, trois merveilles — et meilleure des trois est la charité ». — Il est bien évident qu'elle n'est pas *meilleure que les trois*, mais *des trois elle est la meilleure*.

Cf. *Mt.*, XVIII, 1 : « Qui donc meilleur est dans le royaume des Cieux ? » = qui donc dans le royaume de Dieu est *le meilleur ?* — *Lc.*, IX, 48 : « Celui qui est plus petit en vous tous, celui-ci est grand » = *le plus petit de vous tous est en réalité le plus grand* (§ 357). — *Sap.*, III, 14 : « Car il lui sera donné (par Dieu, § 106) de sa foi (§ 18) une grâce de choix, et un sort plus désirable (*que tout autre*) dans le Temple du Seigneur ».

363. — Considérons le tableau suivant, qui est le correspondant statique de celui du § 339.

1° L'infra-premier. — Hors série.
2° Le premier chaînon ⎫
3° Les intermédiaires ⎬ la série.
4° Le dernier chaînon ⎭
5° L'ultra-dernier — Hors série.

En grec et en latin « le premier » et « le dernier » sont nettement des superlatifs. Il était assez naturel de les employer aussi pour désigner ce qui excède la série.

Col., I, 15. Pour saint Paul le Christ préexistant au monde est « le premier-né de toute créature », c'est-à-dire : *fils de Dieu comme aucune créature* ; ici « toute créature » a le sens exclusif relevé au § 330, *le Christ est hors la série totale des êtres créés.* Si l'on objecte qu'il a beaucoup de « frères » (*Rom.*, VIII, 29) je ferai remarquer deux choses : si vous en tirez que le Christ est fils adoptif, en ce cas ses frères ne seraient pas assez nombreux puisque dans l'hypothèse il serait l'aîné de « tout » être créé (étoiles, fleurs, papillons) ; si vous ne percevez pas la différence essentielle qui existe entre un vrai fils et un fils adoptif, alors dites que saint Paul est panthéiste et que le Christ a trop de frères, il n'est plus monogène.

Pour le sens *d'ultra-dernier* à donner au mot « dernier » vous avez le texte de *II Macc.*, VII, 41 : « Or la dernière des fils, la mère mourut » = *c'est après la mort du dernier de ses fils que cette mère mourut.*

6° L'ABSENCE DE PONCTUATION

364. — *IV Reg.*, IX, 11 : « Vous, vous connaissez l'homme et son langage » = *savez-vous ce que cet homme vient de me dire ? Sûrement non !*

Le ton de la voix indiquait que la phrase était interrogative. Le contexte montre qu'il n'y a qu'une seule interrogation (§ 125) et qu'elle est purement oratoire (§ 307).

La Bible supplée comme elle peut au point et virgule
(§ 200),
   au comma (§ 285),
   aux parenthèses (§ 219),
   aux tirets (§ 220, 221, 222),
   aux alinéas (§ 225),
   aux titres de livres (§ 425).

7° LA QUASI-IMPOSSIBILITÉ D'EXPRIMER CERTAINES PENSÉES

365. — *Mt.*, XXVI, 24 : « Il lui était bon si cet homme-là
ne fut pas né » = *il lui serait meilleur* (§ 356) *de n'être pas né*.
Si l'on entend cela de la naissance, on traduira : si Judas
était mort-né, son sort eût mieux valu que l'état où il s'est
mis et se mettra ; si l'on interprète « venir à l'existence » il y a
paradoxe : Judas inexistant serait moins à plaindre que Judas
devenu traître et sur le point de se damner.

REM. — L'expression « était » reste au-dessous de la pensée
(*serait*), mais dans la seconde interprétation la pensée
(l'avantage du néant sur la damnation possible) serait au
dessus, au delà de la réalité (ce crime est abominable).

B. L'atténuation volontaire.

1° LA CONCISION

366. — « Le Cananéen » = *les Cananéens*. — Nous disons
de même : « Quand l'Allemand occupait la France. »

367. — *II Sam.*, XXIV, 15 : « Il mourut du peuple depuis
Dan et jusquà Bersabée 70.000 hommes ». — Nous disons :
« il arriva deux hirondelles », et même « il descendit une
ombre épaisse sur la vallée ».

368. — Quand « se réjouir » veut dire *réjouissez-vous*
(§ 241), c'est que l'auteur ne veut pas se donner la peine de
conjuguer le verbe. Nos médecins nous prescrivent ainsi le
régime à suivre : « prendre une pilule à chaque repas », etc.

369. — Quand saint Paul écrit : « Abraham eut deux fils » (*Gal.*, IV, 22) cela est plus clair que s'il nous disait « Abraham eut huit fils, mais je ne vais vous parler que d'Isaac et Ismaël ».

Un prophète annonce à Roboam qu'il ne gouvernera qu' « une » tribu, Roboam comprit qu'il lui resterait la tribu de Benjamin (où se trouve Jérusalem) et par le fait même celle de Juda (qui est au sud et englobe Bethléem, cité de David).

Mc., I, 8 : « Je vous baptise avec de l'eau (*seulement*), lui vous baptisera (avec de l'eau évidemment puisque ce sera un baptême, mais de plus) avec une immersion dans le Saint Esprit. »

Io., XV, 26 : « Le Paraclet qui procède du Père (et donc du Fils qui a tout ce que le Père a lui-même). »

Mt., XXVI, 32 : « Je vous précéderai en Galilée » pouvait très bien signifier : je vous apparaîtrai à Jérusalem et même vous me verrez *encore en Galilée où je réunirai mon troupeau dispersé.* Cf. *Mc.*, XIV, 28. (En Palestine le berger précède le troupeau ; cf. *Io.*, X, 4. Voir *Biblica*, 1939, 274.)

370. — *Lc.*, VII, 27 : « Voici j'envoie mon ange... qui préparera ton chemin » = *afin qu'il le prépare.* — La relative finale est employée assez largement. *Lc.*, XI, 6 : « Je n'ai pas (ce) que je lui offrirai » = *ce qu'il me faudrait pour cela* (cf. *Heb.*, VIII, 3). *Mc.*, XIV, 14 : « Où est ma salle haute « partout où » la pâque avec mes disciples je mange » = *afin que j'y mange la pâque.*

371. — *Is.*, XIII, 8 : « Homme vers son compagnon ils seront dans la stupeur » = *ils se regarderont l'un l'autre avec stupeur.* — L'échange des regards est à peine exprimé, l'attitude des personnages nous le révèle. Cf. *Gen.*, XLIII, 33 ; XLII, 28 ; *Jér.*, XXXVI, 16 et peut-être *Éz.*, IV, 17. Voir *Biblica*, 1929, 304. Cf. § 163.

REM. — *Ps. 142*, v. 6 : « J'étendis mes mains vers toi » = *je tiens les mains étendues vers toi.*

L'action est passée, mais son résultat demeure. Cf. 339 et 343.

2° La litote biblique

372. — Cette figure de rhétorique qui dit moins pour faire entendre plus a quelque chose de plus grave dans la Bible que dans les autres littératures.

« Faire vivre » au sens de *ne pas tuer cette fois*. — *IV Reg.*, VII, 4 : « S'ils nous feront vivre, nous vivrons, et s'ils nous feront mourir, et nous mourrons » = *s'ils nous laissent en vie, nous pourrons nous estimer heureux, sinon, eh bien, montrons-nous courageux.*

« Ne pas maudire » = *au contraire, bénir.*

La médaille est à l'envers, il suffit de la retourner.

3° L'allusion discrète

373. — Voulant répondre aux questions que se posaient les premiers chrétiens sur l'identité de Marie-Madeleine, saint Jean s'y prend de deux manières :

1° Au début du récit de la résurrection de Lazare, il se sert des termes employés par saint Luc dans le récit de la première onction (*Io.*, XI, 2 fait allusion à *Lc.*, VII, 38).

2° Il écrit « Mariam » (en araméen) pour montrer qu'il veut parler de Marie-Madeleine comme il le fit Jésus au matin de Pâques (*Io.*, XI, 2, 20, 31, 32, après avoir écrit « Marie » au verset 1) ; au souper de Béthanie, il écrit encore « Mariam » (XII, 3) alors qu'au Calvaire il la nomme « Marie la Magdeleine » (XIX, 25) ainsi qu'au début du récit de Pâques (XX, 1) et après l'apparition (v. 18). C'est nous dire : Marie sœur de Lazare est bien celle que vous verrez au Calvaire et auprès du sépulcre de son Sauveur.

4° L'euphémisme biblique

374. — Il n'a rien de précieux. Ce déguisement est commandé par le sentiment de respect des personnes et des choses et reste toujours sérieux.

375. — *Job.*, II, 9 : « Bénis Elohim et meurs » = *maudis Dieu avant de mourir*. Euphémisme théologique : le narrateur juif se refuse à rapporter tel quel le blasphème de la femme de Job ; pour nous le faire deviner, il prend le terme contraire.

Rem. — Il n'y a pas la moindre ironie dans cette phrase. Cf. § 397.

376. — L'auteur peut avoir d'autres raisons de ne pas désigner en toutes lettres la personne dont il parle :

le respect,
la haine,
la modestie,
ou la politesse.

377. — Par respect on prendra des formules pleines de retenue. Voyez avec quel infini respect Jésus parle de la Divinité devant le Sanhédrin. Jamais un blasphémateur n'aurait ainsi composé une formule dont chacun des termes est empreint d'adoration (*Mt.*, XXVI, 64) :

« Désormais vous verrez le Fils de l'homme (qui vous parle) assis aux droites (§ 85) de la Puissance, et venant sur les Nuées du Ciel (§ 12). »

Un respect semblable inspire le choix des termes dans la réponse de l'ange à la Vierge Marie (*Lc.*, I, 35).

378. — La haine ou la prudence en parlant d'un être odieux a poussé l'Apôtre à désigner Néron par un chiffre (§ 135).

379. — Dans son Évangile, saint Jean a créé la formule « le disciple que Jésus aimait » au sens de : *moi-même*.

Ce pseudonyme est transparent et s'explique aisément. Les coutumes littéraires du temps ne lui permettaient pas de signer autrement son ouvrage ; voulant nous dire quand même que nous lisons le récit d'un témoin oculaire particulièrement bien renseigné, il dirige notre attention sur les scènes majeures où se manifeste l'amitié que Jésus lui portait : première entrevue, dernier repas en commun, l'agonie du divin Crucifié et l'apparition au bord du Lac après la Résurrection.

380. — *II Sam.*, XIX, 35 : « Si ton serviteur aura le goût de ce que je mangerai » = *je veux être pendu si moi, qui suis ton serviteur, je puis savourer les mets.*

Dans cet exemple, on voit la réalité résister à la convention, comme en français « si Votre Altesse y consent, je vous offrirai ce modeste cadeau ». Cf. § 230.

381. — *Is.*, LIV, 1 : « Réjouis-toi, stérile, elle n'enfanta pas » = *réjouis-toi, ô stérile, qui n'avais pas eu d'enfant*, car tu es maintenant mère d'une nombreuse famille. (C'est sur ce dernier point que doit porter sa joie, § 221.)

Ce vocatif est à la 3e personne.

Élisabeth dira à Marie : « Heureuse celle qui a cru qu'il y aura accomplissement à ce qui lui fut dit de la part du Seigneur » = *que tu es heureuse d'avoir cru que se réaliserait la promesse que Dieu t'a fait savoir.*

Cf. *Zach.*, XIV, 5 : « Il reviendra, Iahvé mon Dieu, tous les Saints avec toi » = *tu reviendras, etc.* (§ 35).

REM. — Les Béatitudes dans saint Matthieu sont à la 3e personne : on peut les mettre à la 2e comme fit saint Luc.

382. — La politesse demande que l'on gaze une vérité pénible à entendre. Les personnages qui parlent dans les paraboles de Jésus se conforment à cet usage.

Mt., XXV, 9 : « Les (vierges) sages répondirent (à leurs compagnes étourdies) disant : (Il est à craindre) que (notre provision) ne suffise pas à nous et à vous ». La double négation ($m\hat{e}$ + ou) avec le subjonctif est une négation discrète ; le fond de leur pensée est = *Nous n'avons pas assez d'huile pour vous en donner, allez donc en acheter*, elle est adoucie : « Nous avons peur qu'il n'y en ait pas suffisamment pour nous toutes : le plus sûr serait que vous alliez vite en acheter. »

Lc., XI, 35 : « Vois donc : « il est à craindre) que la lumière qui est en toi ne soit de l'obscurité. » — La négation « $m\hat{e}$ » avec l'indicatif équivaut à une affirmation discrète. Celui qui prend la parole est persuadé que cette lampe est éteinte ; il adoucit son affirmation : « *Fais bien attention, j'ai bien peur que la lumière que tu t'imagines avoir en toi, ne soit que ténèbres inconscientes* » ; le fond de sa pensée est : *Attention ; la prétendue lumière qui brille en toi, n'est ni plus ni moins qu'une obscurité complète.*

383. — L'euphémisme médical sert à voiler le spectacle de la maladie et de la mort.

Maladie. — *Mt.*, VIII, 5 : « Seigneur, mon serviteur est renversé en la maison, paralytique, terriblement mis à la torture. »

Mort. — Pour dire « il mourut » l'accadien emploie cette périphrase : « Sa montagne il atteignit » ou « le sommet de sa montagne il atteignit » ; l'étymologie du verbe indique que l'homme est debout sur cette cime mais doit s'arrêter là. On songe involontairement à l'escalade d'une aiguille des Alpes.

Dieu dit à Moïse : « Tu mourras sur la montagne où tu vas monter.... de même qu'Aaron ton frère est mort sur la montagne de Hor (*Deut.*, XXXII, 50, cf. *Num.*, XX, 22-29.) » Y avait-il un usage ancien de porter le moribond sur un sommet ?

REM. — De ceux qu'il va ressusciter ou qui ressusciteront à la fin du monde Jésus dit qu'ils « sont couchés » et qu'ils « dorment » (*Io.*, XI, 11-13) ; il leur parle à haute voix comme pour les « réveiller » (v. 11 et 43).

384. — Dans *Aggée*, II, 13, « âme » signifie *cadavre.* C'est le comble de l'euphémisme. Il n'y faut voir aucune ironie, aucun scepticisme. Voici la genèse de cette étonnante expression. De quelqu'un on disait « son âme » pour désigner sa personne (§ 79), puis sa personne physique (§ 77), donc son corps animé ; on en vint à dire « l'âme du mort » (*Lév.*, XXI, 11 ; *Num.*, VI, 6) pour désigner un mort ; enfin l'expression fut tronquée (§ 400).

Cf. *Ps. 43*, v. 26 et *Ps. 118*, v. 25. Voir *Biblica*, 1930, 83.

385. — L'euphémisme par décence obéit aux mêmes lois que les autres : on choisit un verbe ou un substantif qui insinue discrètement ce que l'on n'oserait formuler autrement

Gen., IV, 1 : « Adam connut Éve sa femme, elle devint enceinte et elle enfanta Caïn. » Dans *Jer.*, XIII, 26, le mot « honte » est en parallèle avec le mot « nudité ».

5º L'OMISSION VOULUE D'UN MOT

386. — Le néant est un être de raison, son amplitude est aussi vaste que celle de l'être dont il est la doublure logique ; nous savons parfaitement qu'il n'a de place ni dans l'être ni autour, mais nous ꟿ pensons sans difficulté.

Dans une symphonie le chef d'orchestre continue à battre la mesure pendant les pauses ; en rhétorique, le « qui depuis...» est plus expressif qu'une longue période.

387. — *Apoc.*, XIX, 10 et XXII, 9 : « Adore Dieu » = *n'adore que Dieu.* Omission de l'adverbe « seulement ».

Applications. — *Mt.*, XXII, 45 : « Si David appelle Seigneur le Christ comment est-il fils de David » ? = *comment pouvez-vous penser qu'il n'est que le fils de David ?* Dans *Io.*, I, 2, le sens est qu'avant la création le Verbe *n'était qu'avec Dieu.* — *Rom.*, III, 20 : « Par la Loi la pleine connaissance du péché » : *c'est son seul avantage,* car elle reste incapable de nous donner la force de l'éviter, il faudrait la grâce.

388. — En accadien nous trouvons « moi Nabonide » au sens de : *je suis Nabonide.*

Le verbe « être » est sous-entendu, mais ne croyons pas qu'il ait été supprimé. La proposition non verbale est primitive.

Ps. 113, v. 13 : « Bouche à eux et ils ne parlent pas »= *Ils ont une bouche mais ne peuvent parler. Is.*, VI, 3 : « Plénitude de toute la terre sa gloire » = sa gloire constitue cette plénitude, elle est si vaste que la terre ne suffit pas à la contenir. — *III Reg.*, XVIII, 39 : « Iahvé (c'est) lui (qui est) le (seul vrai) Dieu. » — *II Sam*, VII, 28 : « Toi, lui le Dieu. » — *Is.*, XLIII, 25 : Moi, moi, lui l'effaçant ; cf. § 199.

389. — Il y a donc plusieurs lois de l'abréviation.

1ʳᵉ loi. — Ne pas exprimer ce qu'on juge inutile.

2e loi. — Supprimer ce qu'on juge encombrant. Ainsi F. Bʀᴜɴᴏᴛ signale la suite :

« Dans la direction de Paris. »

« En direction de Paris. »

« Direction Paris. »

3e loi. — Goût de l'archaïsme.

390. — Dans le dialogue, la 1ʳᵉ loi joue constamment (§ 199).

« Est-ce que la paix à lui ? Et ils dirent : Paix » = *Va-t-il bien ? — Oui.*

391. — Un exemple de la 2ᵉ loi se touve dans *Ps. 117,* v. 5 ; cf. *Ps. 4,* v. 2 ; *17,* v. 20 ; *30,* v. 9 ; et *118,* v. 45.

392. — *Ps. 36,* v. 29 : « Justes posséderont terre » = *les saints posséderont la terre.* — Les poètes bibliques omettent l'article par goût d'archaïsme.

393. — *Ex.,* XVI, 27 : « du peuple sortirent » = *quelques-uns du peuple sortirent.* Cf. *Io.,* XVI, 17 : « (Quelques-uns) des Disciples dirent. »

394. — *Gen.,* VII, 23 : « Noé et qui avec lui » = *Noé et les personnes — et les bêtes — qui étaient dans l'arche avec lui.*

6° Oᴍɪssɪᴏɴ ᴅ'ᴜɴ ɢʀᴏᴜᴘᴇ ᴅᴇ ᴍᴏᴛs

395. — Reportons-nous au § 339 et voyons les cas où l'omission est volontaire.

a) On omet de mentionner la première phase. — *Gal.,* II, 9 : « Ceux qui paraissent être les colonnes » = *ceux qui sont les colonnes et que tous révèrent comme tels.*

b) On omet de mentionner la seconde phase. — En accadien nous avons : « Toubaalou, dans le siège de royauté sur eux, je fis asseoir » = j'installai Toubaalou sur son trône royal *pour qu'il régnât* sur eux.

Ps. 44, v. 2 : « Palpita mon cœur chose bonne » = mon cœur palpita du désir *de donner* un beau discours (ou : *de réaliser* un beau dessein) ; voir *Biblica,* 1940, 157.

c) On note l'acte initial et l'aboutissement et l'on sous-entend l'état intermédiaire. — *Tobie*, XIV, 7 : « Il sera brûlé (et restera dans cet état) jusqu'à un (certain) temps ». Il s'agit du Temple de Jérusalem. L'expression ne se trouve qu'au verset 4 du texte grec (B, A. S).

Ps. 138, v. 9 : « Que je prenne les ailes d'aurore (§ 130) et dresse ma tente au delà de la mer » = *que je m'embarque et traverse la mer, à l'arrivée je suis sûr de trouver Dieu*. Ici les ailes sont plutôt les voiles d'un bateau que des ailes ordinaires, puisque le voyageur emporte une tente (cf. § 230).

7° OMISSION D'UNE PROPOSITION ENTIÈRE

396. — Dans le fameux sorite du *Livre de la Sagesse* (VI, 18-21) il est facile de suppléer la première et la dernière proposition :

« Verset 18 (Le désir de la sagesse en est le commencement) ; son commencement est le désir de l'instruction... ; (verset 19) ; v. 20 : l'immortalité fait que l'on est auprès de Dieu ; (être auprès de Dieu, c'est la royauté) ; 21 : donc, le désir de la sagesse conduit à la royauté. »

8° L'EXPRESSION IRONIQUE

397. — Pour en saisir toute la force, il faut procéder à un double déchiffrage : 1° La prendre au sérieux (première grille) ; 2° voir ce que vise l'auteur (seconde grille).

Exemple tiré du français : « Fiez-vous à lui ! » signifie apparemment : donnez-lui bien toute votre confiance, mais en réalité : *n'ayez aucune confiance en lui*.

398. — Ironie dans la présentation. — *Gen.*, III,22 : « Voici l'homme fut comme l'un de nous » ; voici l'homme devenu l'un de nous. — Ironie mordante à l'adresse d'Adam et du Serpent ; celui-ci se flattait de procurer la ressemblance parfaite avec Dieu ; Dieu fait semblant de constater (§39) la réussite de l'opération : « Voici » porte à la fois sur « l'homme » et sur « fut » (cf. § 318) : ce verbe signifie *devenir* : *l'homme que j'ai sous les yeux est donc devenu mon égal !*

Au soir du Jeudi-Saint, Jésus parle de glaives pour symbo-
liser le drame qui va s'ouvrir ; les Apôtres s'imaginant qu'il
les engage à s'armer lui présentent deux glaives et le Sauveur
de leur dire avec un héroïque sourire : « C'est assez. » — La
première grille donne : n'en cherchez pas d'autres, avec cela
nous n'avons rien à craindre ; la seconde grille : *je n'en veux
pas du tout, ce n'est pas de cela que je parlais.*

399. — L'ironie dans le conseil ou le commandement. —
Mt., XXIII, 32 : « Et vous, remplissez la mesure de vos pères »
= *achevez ce qu'ils ont commencé.* — Ironie cinglante : vos
pères ont tué les prophètes, à vous maintenant de bâtir et
d'orner les tombeaux de leurs victimes.

Et plus loin, v. 34, Jésus ajoute : « Je vous envoie des prophètes » ; comme cela vous aurez l'occasion de les tuer : on
dirait que vous enviez Caïn et que vous regrettez de n'avoir
pas été là pour verser tout le sang innocent « répandu » depuis
les temps les plus reculés : eh bien, tuez-moi, ce seul meurtre
dépassera vos plus beaux rêves.

CHAPITRE VII

L'EXPRESSION TRONQUÉE

400. — Nous avons vu les cas nombreux où la pensée n'est pas entièrement exprimée ; il nous reste à examiner les cas où c'est l'expression elle-même qui n'est pas totalement exprimée.

Le fait peut être spontané ou réfléchi.

A. Expression tronquée spontanément.

1° A cause d'un fréquent usage

401. — *Ex.*, XXVI, 2 : « Vingt-huit en la coudée » = *vingt-huit coudées.*

La formulation primitive devait être : «*Vingt-huit* mesures mesurées en (= *par*) la coudée. »

On sous-entend les noms de mesures faciles à deviner : « mille (sicles) d'argent », « six (épha) d'orge ».

On dit même « cinq (galettes) de pain » parce qu'on ne donnait au pain que cette forme.

402. — *II Par.*, XVII, 17 : « armés d'arc et de bouclier » = *armés les uns d'un arc, les autres d'un bouclier.*

On disait jadis « armés d'arc et armés de bouclier », mais comme au combat celui qui tenait le bouclier protégeait l'archer qui l'accompagnait, on n'a plus considéré que le monome ainsi formé.

403. — *III Reg.*, X, 13 : « Comme la main du roi Salomon » = *selon les richesses bien connues du roi Salomon.*

On devait dire autrefois « comme la main longue » c'est-à-dire comme le bras assez long pour atteindre tel et tel objet. « Pareille image, dit le P. Joüon, pouvait s'employer pour n'importe quelle puissance, pouvoir ou capacité » (*Biblica*, 1933, 459).

Lév., V, 7 : « Si sa main n'atteint pas la valeur d'une brebis » = *si ses moyens ne lui permettent pas d'en acheter une.*
Voir aussi *Esther*, I, 7 et II, 18.

2° LOCUTION VERBALE AYANT PERDU LE COMPLÉMENT DU VERBE

404. — *I Sam.*, XX, 16 : « Et il coupa » = *et il contracta
une alliance.*

L'expression entière était : « il coupa un pacte ».

REM. — Dans *Gen.*, XVII, 14, vous trouverez une fine
allusion à cette expression dont le sens étymologique était
encore perçu : « cette âme, dit Dieu, sera « coupée » de son
peuple, elle viola mon alliance. » Voir le récit de l'alliance
contractée par Dieu et Abraham, XV, 7-18).

405. — Voici d'autres exemples :
Is., III, 7 : « il élèvera (sa voix) » = *il criera.* — *Gen.*, XVIII,
24 : « Tu porteras (la faute) » = *tu pardonneras* (*Biblica,*
1922, 67). « Il corrompit (sa voie) » = *il mena une vie coupable.*
« Il fit forte (sa main) » = *il saisit.*

406. — *Gen.*, IX, 22 : « Et il raconta » = *il raconta* (*cela*) =
il en fit le récit détaillé.

La même expression tronquée se trouve à la fin du Pro-
logue de saint Jean. « Dieu — personne ne (le) vit jamais —
le Monogène, (lui-même) Dieu, qui est dans le sein du Père,
Celui-là (§ 24) raconta » = *nous fit le récit détaillé de ce qu'il
voit en son Père.*

407. — « Il le bénit » = *il lui dit : Béni sois-tu !*

Il semble bien que la bénédiction biblique est toujours
divine, comme d'ailleurs la malédiction. Quand Isaac eut
béni Jacob, il dit à Esaü : « Je l'ai béni et il est béni (par Dieu,
§ 106). » Il veut dire : il m'est impossible maintenant de te
souhaiter la même bénédiction.

REM. I. — Pour remercier quelqu'un, on lui souhaitait la
bénédiction de Dieu ; et par analogie, on disait : « Béni (soit)
Iahvé ! » ou : « Que son Nom soit béni ! »

REM. II. — Pour féliciter une personne, on la déclarait « bénie (de Dieu) ». On disait avec le même accent religieux : « Heureux celui ou celle qui… » Et la Vierge Marie prédit qu'à partir de « maintenant » toutes les générations la « déclareront bienheureuse », c'est-à-dire lui rediront la félicitation qu'Élisabeth vient de lui adresser (*Lc.*, I, 48 et 45).

408. — « Le hausser » = *le haussement*.

Suivant le régime sous-entendu la signification de cet infinitif nominal varie, mais dans certaines limites connues.

La Bible ignore « le haussement d'épaules ». Elle distingue le « haussement de visage » ou « de cornes » signe de *fierté victorieuse* ou attitude hautaine de *l'orgueil inflexible* ; le « haussement d'yeux » ou élévation du regard dans la *prière* ; le « haussement des traits » qui épanouit le visage d'un homme qui était attristé ou jaloux (*Gen.*, IV, 6-7).

REM. — On sait que le « levé de visage » était *l'homme agréé par son roi, le conseiller écouté.*

409. — Parfois certaines précisions subsistent et permettent d'identifier l'expression brisée.

Ex., XVI, 10 : « Et ils tournèrent vers le désert » = *renonçant à revenir en Égypte, ils reprirent la direction du Désert.* La formule primitive semble être : « Ils tournèrent leur face vers » = *ils firent face au Désert, ils se tournèrent en direction du Désert.* Iahvé, tel un berger, se trouvait précisément de ce côté, à l'est du troupeau israélite qui se disposait à revenir vers l'ouest.

REM. I. — Cette formule ainsi tronquée ne se trouve que dans le *Pentateuque*. Indice favorable à la composition sur place des récits de l'*Exode*.

REM. II. — *Lc.*, IX, 53 : « Son visage était allant à Jérusalem » = *il suivait la direction Jérusalem.*

3° En langage ému

410. — Nous distinguerons :
  a) l'exclamation,
  b) l'imprécation,

c) la question pressée,
d) la réponse empressée.

a) L'exclamation

411.—*III Reg.*, XII, 16 : « A tes tentes, Israël » = *retourne à tes tentes, Israël.*

Jud., VII, 18 : « (Glaive) pour Iahvé et pour Gédéon » = *prenons le glaive pour*, etc. Cf. verset 20.

412. — *Cant.*, V, 2 : « La voix de mon bien-aimé frappant » = *oh ! j'entends mon bien-aimé qui frappe.* — Il ne parle pas, mais c'est sa façon de frapper à la porte.

Ps., 28, v. 5 : « La voix de Iahvé brisant des cèdres et brisa Iahvé les cèdres du Liban » = *on entend Iahvé qui brise des cèdres, et même des cèdres du Liban.* — Épouvante admirative du psalmiste qui perçoit le fracas.

La formule « Voix de criant » signifie : *j'entends crier !*

b) L'imprécation

413. — Une des croix des exégètes.

D'abord, la formule normale est réduite par le narrateur. On nommait chacun des maux que l'on appelait sur soi, le narrateur les remplaçait par le mot « ainsi » et la formule devenait « ainsi (me) fera Dieu et ainsi ajoutera » : *que Dieu me fasse ceci et qu'il y ajoute même cela !*

Nous ne sommes pas au bout de nos peines. L'imprécation vient souvent renforcer une affirmation, une promesse, etc. et se compliquer d'un serment plus ou moins explicite.

Dans les trois types qui suivent nous nous contenterons d'expliciter la formule massacrée.

414. — Premier type :

« Que Dieu me punisse que je ferai cela » = *que Dieu me punisse si je ne le fais pas !*

La formule complète serait : « Que Dieu me punisse (si je ne fais pas cela, car je jure) qu'assurément je le ferai. »

415. — Deuxième type :

« Je jure si je ne ferai pas cela » = *je jure que je le ferai.*

En explicitant la formule, on obtient : « Je jure (que je ferai cela ; et que Dieu me punisse) si je ne le fais pas ».

416. — Troisième type :

« Je jure si je ferai cela » = *je jure que je ne le ferai pas.*

On comprenait : « Je jure (de ne pas faire cela ; et que Dieu me punisse) si je le fais quand même ! »

A comparer avec *Mc.*, VIII, 12 : « En vérité je vous dis si un signe sera donné à cette génération » = *je vous affirme que Dieu* (§ 106) *ne donnera à cette génération aucun signe.*

Rem. — On le voit, il y eut influence réciproque entre les formules du serment et celles de l'imprécation.

c) *La question pressée*

417. — *Ps. 6*, v. 4 : « Jusqu'à quand ? » = *jusqu'à quand seras-tu irrité contre moi. ?*

Cf. *Is.*, VI, 11 et *Gen.*, III, 22.

418. — *Mc.*, IX, 27 : « Que nous ne pûmes le chasser ? » = *comment se fait-il que nous n'ayons pas réussi à le chasser ?*

La formule complète commencerait ainsi : « (Quoi) que... » au sens de : *pourquoi que ? pour quelle raison ?*

419. — *Jos.*, V, 13 : « « Est-ce que tu es pour nous, si pour nos adversaires ? = *es-tu pour nous ou pour eux ?*

En explicitant la formule, on aurait : « Es-tu pour nous ? (Sinon, dis franchement) si tu es pour eux ». Ou : Dis-nous si... ou si... »

d) *La réponse empressée*

420. — Nous en avons un magnifique exemple dans l'« Ecce ancilla Domini » (*Lc.*, I, 38).

La formule reposée serait : « Me voici, moi, servante du Seigneur. »

Ce « me voici » signifie : *je m'offre pour réaliser ce dessein.* C'est l'équivalent exact du « fiat mihi » qui va suivre. Voulant ajouter son titre de servante, Marie devait normalement répéter le pronom. Ainsi dans *III Reg.*, I, 26, nous lisons : « A moi, moi, ton serviteur. » La traduction faite par saint Luc est fidèle, surtout si l'émotion a porté Marie à supprimer ces deux pronoms. Quoi qu'il en soit, le « voici » n'est pas une présentation à l'ange (§ 39) mais l'offrande de soi pour accomplir tout le programme tracé par Dieu ; cf. § 245.

B. Expression abrégée ou modifiée volontairement.

1º A CAUSE DU CONTEXTE

421. — *Lc.*, I, 42 : « Et le fruit de vos entrailles est béni (plus qu'aucun autre enfant des hommes).» Cette valeur superlative ressort de la mise en parallèle avec « vous êtes bénie entre toutes les femmes » (§ 358).

Élisabeth proclame que la Mère et l'Enfant qu'elle porte sont bénis de Dieu (§ 106 et 407, Rem. II) comme personne ne le fut et ne le sera jamais (§ 294).

2º L'EXPRESSION ENTIÈRE VIENT D'ETRE DONNÉE, ON L'ABRÈGE

422. — *Ex.*, XXXIV, 15 : « Ne fasses un pacte ! » = *Garde-toi de faire un pacte !* — Réduction de la formule employée au verset 12 et qui se rendrait littéralement : « Garde-toi par rapport à ce que tu couperas une alliance (Joüon, *Gram.*, 168 *g* N ; voir notre § 104). »

3º L'EXPRESSION EST BIEN CONNUE, ON LA SIMPLIFIE

423. — Au lieu du manteau ordinaire certains prophètes en portaient un fait d'une toison et que l'on appelait « addéreth de poil » ou simplement « addéreth ». Cf. *Gen.*, XXV, 25 ; *Zach.*, XIII, 4.

424. — *Ézech.*, XLI, 22 : « l'autel bois » = *l'autel était en bois.*

La formule complète serait « l'autel, (un autel de) bois » ; de même que l'on a dans *Prov.*, III, 17 « ses voies (sont) des voies d'agrément ».

Applications. *Ps. 24*, v. 10 : « Toutes les voies de Iahvé (sont des voies de) pitié et fidélité ». — *Esdr.*, X, 13 : « La

saison (était la saison des) pluies ». — *Gen.*, II, 12 : « Et l'or de
ce pays (est un or) bon », c'est-à-dire excellent (§ 356).

425. — *Jér.*, XLII, 12 : « Je vous donnerai des compas-
sions et il aura compassion de vous » = je vous donnerai
d'être à ses yeux un objet de compassion et en conséquence il
aura pitié de vous.

La formule complète se trouve dans *Gen.*, XLIII, 14 :
« Il vous donnera d'être un objet de compassion aux yeux de
cet homme. »

A comparer avec *Gen.*, XXXIX, 21 : « Et (Iahvé) donna
(à Joseph) sa faveur dans les yeux du chef de la prison »
= *Iahvé donna à Joseph d'attirer sur lui les regards favorables
du chef de prison.*

Important pour fixer la théologie biblique.

REM. — Parfois l'exégète doit chercher hors la Bible
l'expression complète.

Ainsi en accadien on disait « jour lieu un » = le jour qui
occupe le premier rang = *le tout premier jour*. Moïse donne
ce sens à la formule laconique « jour un » (*Gen.*, I, 5).

« Vision d'Isaïe ». Sorte de proposition non verbale qui est
superordonnée et reste incomplète par convention ; elle sert
de titre. Manière de s'exprimer que nous trouvons dans ce
message d'Assourbanipal : « Parole du Roi à Chadounou : Je
vais bien, puisses-tu être heureux ! Quand tu recevras cette
lettre, prends avec toi tes trois hommes, etc.... »

« Psaume à David » signifie = *ceci est un psaume composé
par David* (§ 158).

4° L'EXPRESSION SURANNÉE

426. — En français « brocher des babines » signifiait
remuer les lèvres. On n'oserait plus l'employer dans la crainte
de n'être pas compris.

427. — Il est difficile de dire à quel moment une expression
n'est plus comprise. L'exégète dispose pourtant de quelques
critères.

Dans toutes les langues une expression survit à la mort de
tel de ses éléments. « Chape chute » existe encore, alors que
« chute » n'est plus un participe passé synonyme de «tombée ».

Pour savoir le sens que tel auteur donne à une expression,
il faudra examiner avec soin les mots qu'il y ajoute. Ainsi
du jour où l'on a dit « voilà de beaux fonts baptismaux » on
a cessé de se rendre compte que « fonts » était féminin et que
« baptismaux » était des deux genres.

Celui qui le premier a dit en hébreu «le ciel, la terre, la mer
et tout ce qu'elle contient » oubliait que le mot « terre » mis
en parallèle avec le mot « cieux » signifiait déjà : *continents
et océans* (§ 121).

Rem. — Une expression surannée ne saurait être abrégée,
car abréger c'est sous-entendre.

5° Expression esquissée

428. — Jusqu'ici nous étions en face d'expressions héré-
ditaires. Le souci d'être concis peut porter sur des expressions
neuves. En ce cas l'auteur a recours à un procédé très simple :
il adopte un schème connu et se contente de n'en pas remplir toutes les cases : le lecteur est invité à combler les vides.

429. — Schème A B A B (§ 206).
Lc., XIII, 9 : « S'il porte du fruit l'an prochain (c'est bon,
tu le garderas) ; sinon, tu le couperas ». — *Ex.*, XXXII, 32 : «Et
maintenant si tu pardonneras leur faute » (ce sera parfait)
mais si (tu) ne (pardonnes) pas, efface-moi de ton livre
(§ 265) que tu as écrit. »

430. — Même schème avec ellipse de deux membres.
Gen., XXXII, 26 : « (Si tu ne me bénis pas) je ne t'enverrai pas ; que si tu m'as béni (auparavant, je t'enverrai). »

431. — Même schème avec ellipse de trois membres.
Gen., XLII, 18 : « Faites ceci et (si vous le faites) vous
vivrez (sinon, vous serez mis à mort). »

432. — Schème A B B A (§ 210).
Gen., VI, 22 : « Et fit Noé comme tout ce que lui ordonna

Elohim (comme tout ce que lui ordonna Elohim) ainsi fit-il. »

Inclusion en miniature, jolie guirlande symétrique, ce style exprime deux nuances délicates, exécution complète d'une part et parfaite docilité de Noé d'autre part.

Même finesse de rendu dans la parole de Jésus : « Je vous donne un commandement nouveau ; aimez-vous les uns les autres comme je vous aimai (— comme je vous aimai,) vous aussi aimez-vous les uns les autres » (*Io.*, XIII, 34) = *ne vous aimez que selon ma manière d'aimer = remplacez-moi auprès de chacun.*

ÉPILOGUE

« Surtout quand il s'agit de la Bible, ce que nous attendons particulièrement d'une traduction, c'est de nous restituer l'état d'âme de l'auteur inspiré, de nous remettre dans les sentiments de ses premiers auditeurs ou lecteurs » (M. Lobignac, *Biblica*, 1937, 347).

Or, parmi les moyens de réussir dans une tâche aussi délicate, il y a la prière, la docilité au magistère de l'Église, l'utilisation des Pères et des méthodes scientifiques. En méditant ainsi le texte sacré, restons en communion intime avec l'écrivain, et nous verrons avec joie l'expression biblique s'évanouir et la pensée de l'auteur s'épanouir sous notre regard.

Saint-Alban Leysse (Savoie)
8 Septembre 1945

INDEX ANALYTIQUE

(Les numéros renvoient aux paragraphes)

RÉPERTOIRE DES EXPRESSIONS

A = *de*, 48, 158 ; = *par*, 47.
A barre de = *à part* = *seulement* 104.
A l'aspect, 280.
A trois ans = *tous les trois ans*, 159.
Abraham eut deux fils, 369.
Absence de nom, 147.
Adam, 97.
Adonaï, 85, 267.
Adore Dieu, 387.
Affirmer et ne pas nier, 118.
Aile = *volatile*, 74, 100.
Ajouter, 164.
Aller = *va*, 36 ; aller et venir devant, 169 ; aller et revenir, 169 ; ils allèrent aller et mugir, 178.
Alliance. Voir Maître d'Alliance, et Ange de l'Alliance ; alliance Jacob, 196.
Alors (sens eschatologique), 27.
Amasser des charbons sur la tête, 298.
Ame = *cadavre*, 384.
Ange de, 143 ; ange de Iahvé, 144 ; Ange de l'Alliance, 145.
Angoisse = *danger*, 11.
Années jours, 115.
Argent et or = *richesse*, 122 ; argents = *pièces d'argent*, 82.
Armés d'arc et de bouclier, 402.
Arrière = *avenir*, 41.
As-tu mangé ? 309.
Assis aux droites, 377.

Astre = *roi brillant*, 12 ; Astre... Sceptre... Dominateur (= *le Messie*), 237.
Au cœur, 280.
Au milieu de ... et au milieu de..., 248.
Autel bois, 424.
Avant six jours = *six jours avant*, 154.

Baal de, 143.
Bélial, 16, 24, 147.
Béni Iahvé ! 407.
Bénir = *dire : Béni sois-tu !* 407.
Bénis (= *maudis*) Elohim, 375.
Bien faire à voir = *bien voir*, 163.
Blés (Les) = *le blé*, 82.
Bois, 18.
Bon = *meilleur*, 73, 356 ; bon à rester = *il vaut mieux rester*, 198.
Bouche à eux, 388.
Brandir un bâton = *un bâton brandit*, 190.

C'est assez, 398.
Cacher sa face, 184.
Calice = *Précieux Sang*, 187.
Cantique des Cantiques, 129.
Car, 286.
Celle-ci, 13 ; celle-ci = *cela*, 105.
Celui à qui (= *le Messie*), 109.
Celui-là (= *le Christ*), 24.
Ceux-ci et ceux-ci, 331.
Ceux qui paraissent être les colonnes, 395.

Ne pas connaître = *s'être obligé à ne pas connaître*, 336.
Ne pas maudire, 372.
Ne pas mourir mais vivre, 120.
Néant de force, 16, 147.
Ni la chair ni le sang = *aucune personne*, 123.
Noé et qui avec lui, 394.
Nombreux = *tous*, 20.
Non force, 16, 147 ; non homme, 16, 147 ; non sagesse, 147.
Nuit jour, 293.

Œil du pays, 185.
Oiseaux ailés, 260 ; oiseau des cieux, 136.
Os et chair, 123.
Ouvrir la bouche, 160, 162.

Palmier... cèdre... = *de plus en plus grand*, 232.
Palpita mon cœur chose bonne, 395.
Par la Loi la pleine connaissance du péché (*et rien qu'elle*), 387.
Par la main de, 150.
Parce que, 286 ; = *quoique*, 323.
Parler sur le cœur, 194.
Parousie, 27, 156.
Pas = *fois*, 13.
Pas... tous... = *aucun*, 61 ; pas... tout... = *rien*, 330 ; pas toujours = *jamais*, 330.
Passer devant, 191.
Paumes = *cuillers*, 89.
Pauvres d'Adam = *les plus pauvres des hommes*, 19.
Peuple les marchant = *le peuple qui marche*, 99 ; peuples = *ancêtres*, 82 ; peuples des pays = *peuples du pays*, 93.
Pieds = *pas* = *fois*, 13, 89.

Plutôt, 40.
Porter, 405.
Portion du champ, 98, 158.
Pourquoi te tuerais-je ? 308.
Précéder en Galilée, 369.
Premier-né, 22 ; premier-né de toute créature = *antérieur à la toute première création*, 363.
Prendre, 31.
Profanation à moi ! 197.
Prophètes (Fils des), 91 ; prophètes de hors leur cœur, 149.
Psaume à David, 158, 425.
Puissance = *le Tout-Puissant* 377.
Purs au cœur, 280.

Que (remplaçant nos deux points). 285.
Qu'as-tu fait ? 310.
Que Dieu me punisse que, 414.
Que nous ne pûmes le chasser ? 418.
Que si = *mais bien*, 59.
Que tombe le tombant, 250.
Que veux-je si, 312.
Que — vous me voulez — ferai-je ? 219.
Qui = *afin qu'il*, 370 ; qui comme toi ? 307 ; qui donnera ? 313.
Quod scripsi scripsi, 251.
Quoi, 68 ; quoi à toi et à moi? 214.

Racine de la prudence =*cette racine qui est la prudence*, 137.
Raconter = *détailler*, 406.
Ramper = *produire des reptiles*, 29.
Ramperie, 97.
Ravir, 31.
Regarder, 30 ; regarder vers, 192.

Vision d'Isaïe, 425.

Visites, 156.

Vivre = *ne pas être mis à mort*, 120 ; vivre et mourir, 212.

Vœu = *offrande votive*, 14.

Voici, 39 ; voici la servante du Seigneur, 420 ; voici l'homme fut comme l'un de nous, 398.

Voie, 18 ; voies droites, 84, 249.

Voir dans, 193 ; voir la lumière que bonne, 73, 318 ; voir la mort, 188.

Voix, 78, 412.

Vous réjouir = *réjouissez-vous*, 241, cf. 368.

Vous verrez le Fils de l'homme, etc., 377.

Yeux = *sources*, 89.

INDEX DES PASSAGES BIBLIQUES

TABLE DES MATIÈRES

Imprimé par A. TAFFIN-LEFORT, à Lille France. — 88-11-45
Dépôt légal. — 3ᵉ trimestre 1946
Imprimé en France

HEGEL, G.M. F., *Leçons sur la Philosophie de l'Histoire*, traduction par F. Gibelin, agrégé de l'Université, docteur ès lettres, Nouvelle édition revue 1946, un vol. gr. in-8 de 410 pages .... 300 fr.

KANT, *Le conflit des facultés en trois sections*, 1798, traduction et introduction par J. Gibelin, 1935, 1935, pet. in-8 carré de XII-147 pages
100 fr.

KANT (E.), *La dissertation de 1770*, traduction avec une introduction et des notes par M Mouy, 1942, in-8 carré, br. .... 30 fr.

KANT (Emm.), *La religion dans les limites de la simple raison*, 1793, traduction par J. Gibelin, 1943, gr. in-8, br. de 262 pages.. *Réimpression.*

KANT (E.) *Prolégomènes à toute métaphysique future qui pourra se présenter comme science*, ouvrage traduit de l'allemand par J. Gibelin, 1946, pet. in-8 carré de 182 pages .... 75 fr.

LEIBNITZ, *Discours de Métaphysique*, édition collationnée avec le texte autographe, présentée et annotée par Henri Lestienne, 1946, pet. in-8 carré de 94 pages .... 40 fr.

LEQUIER (I.), *La liberté*, textes inédits, présentés par Jean Grenier, docteur ès lettres, agrégé de l'Université, 1946, 1 vol. in-8 de 165 pages . 120 fr.

MALEBRANCHE, *De la recherche de la Vérité où l'on traite de la nature de l'esprit de l'homme et de l'usage qu'il en doit faire pour éviter l'erreur dans les sciences*, introduction et texte établi par Geneviève Lewis, 1946, 3 vol. in-8, br. .... 450 fr.

— Le tome III seul (*Éclaircissements*) .... 150 fr.

MALEBRANCHE, *Méditations pour se disposer à l'Humilité et à la Pénitence suivies du traité de l'adoration en esprit et en vérité et de divers opuscules avec un essai sur la mystique de Malebranche*, par A. Cuvilier, 1944, in-8 carré, br. .... 120 fr.

PASCAL (B.) *Pensées*. Édition paléographique des manuscrits originaux conservés à la Bibliothèque Nationale (n° 9202 du fonds français), enrichie de nombreuses leçons inédites et présentées dans le classement primitif avec une introduction et des notes descriptives par Z. Tourneur, 1942, in-8, br. de 366 pages .... 250 fr.

RENOUVIER, *Les derniers entretiens*, recueillis par L. Prat, 1930, pet. in-8 carré de 108 pages .... 40 fr.

SAINT ANSELME DE CANTORBÉRY, *Fides quærens intellectum id est proslogion, liber Gauninolis pro insipiente atque liber apologeticus contra Gaunilonem*, texte et traduction par Koyre, 1930, pet. in-8 carré de 98 pages .... 50 fr.

SAINT-THIERRY (Guillaume de)*Meditativae orationes*, texte publié, traduit et présenté par Mlle M.-M. Davy, 1934, pet. in-8 carré de 294 pages
100 fr.

SCHOPENHAUER (A.), *De la quadruple racine du principe de raison suffisante*, traduction par J. Gibelin, 1946, gr. in-8, broché de 166 pages .. 120 fr.

WHEWELL, *De la construction de la science* (*Novum organon renovatum* livre II). Texte traduit et présenté par R. Blanché, 1938, 1 vol. petit in-8 carré de XXIX et 136 pages .... 75 fr.

ABAUZIT (Franz), *La pensée du Père Laberthonnière*. Une plaquette in-8 de 33 pages .... 20 fr.

ANTOINE (Mgr), *L'idée morale des dogmes de la T. S. Trinité, de la Divinité de Jésus-Christ et de la Rédemption*. Traduction d'après la 3ᵉ édition russe, par le comte A.-M. du Chayla. Paris, 1910, in-8 de 62 pages   20 fr.

CASTELLI (Enrico), *Laberthonnière*, traduit de l'italien par Louis Canet. 1931, in-12 broché de 128 pages .... 50 fr.

CHENU (M.-D.), *La théologie comme science au XIIIᵉ siècle*. Paris 1943. gr. in-8 br. .... 75 fr.

COCHIN (Henry), *Le frère de Pétrarque et le livre du repos religieux*. Mâcon, 1902, vol in-8 de 146 pages .... 50 fr.

COMPAGNION (Jean), *La philosophie scolastique au XXᵉ siècle*. Critique néo-scotiste du Thomisme. 1916 1 vol. in-12 de LXVI et 103 pages   50 fr.

DURANTEL (J.), *Le retour à Dieu par l'intelligence et la Volonté dans la philosophie de saint Thomas*. 1918, 1 vol. in-8 de 412 pages .... 200 fr.

GIORDANA (Ugo), *Le jeu de Saint Thomas d'Aquin*, pièce en 3 actes. Paris, 1939, in-8 br. de 192 pages .... 60 fr.

GONZAGUE (Louis de). R. P., *Lez écrivains de l'Ordre de Prémontré*, pré-cédés d'une étude sur l'histoire littéraire et les archives françaises de l'Ordre, 1120-1884, Paris, s. d., 1 vol. in-8 de 140 pages .... 60 fr.

HERZOG (Guillaume) (*alias* Turmel), *La Sainte Vierge dans l'histoire*. Paris, 1908, in-8 de 62 pages .... 50 fr.

LEMARIÉ (O.) *Études de psychologie religieuse*. 1934, un volume in-8 de 306 pages .... 120 fr.

— *Initiation au Nouveau Testament*. 1936, 1 vol. in-8 de 285 pages   120 fr.

MONTALEMBERT, *Précis d'histoire monastique, des origines à la fin du XIᵉ siècle*. Version primitive et inédite des Moines d'Occident revue et mise à jour par *Les Bénédictins d'Oosterhout*. Avant-propos par Antoine de Meaux. 1934, un vol. petit in-8 de 344 pages. .... 100 fr.

NÉDONCELLE (Maurice), *La Pensée religieuse de Friedrich von Hugel* (1852-1925). 1935, 1 vol. in-8 broché de 224 pages .... 100 fr.

SAINT FRANÇOIS D'ASSISE, *Son œuvre, son influence*, 1226-1926. Préface de S. E. le cardinal Dubois. Crayon hore texte de Bernard Naudin 1924 un vol. gr. in-4 broché de 320 pages .... 300 fr.

THÉORET (E.), *La médiat........................* gr. in-8 br. de 169 pages .. .. fr.

Bulletin des Études mar.......................
Année 1935 1 vol. gr. .... fr.
  «   1936 1 vol. gr. .... fr.
  «   1937 1 vol. gr. .... fr.
  «   1938 1 vol. gr. .... fr.